普通高等教育体育教育(应用型)专业系列教材

跑　酷

上海体育学院体育教育训练学院　组编

科 学 出 版 社
北 京

内 容 简 介

本书共分五章，概述了跑酷运动的简介、特点、起源及其国内外的发展情况等内容；并对跑酷运动的供能系统、跑酷动作运动技能形成过程及形成机制等生理学特点进行了阐述；同时，对跑酷运动前的一般准备措施及运动后的整理拉伸方法做了说明；另外，还介绍了跑酷运动竞赛的一般组织安排；最后，重点讲解了跑酷运动中爬行类、落地类、起跳支撑类、稳定类、空翻类等基本动作的教学特点与方法。本书结构简明、图文并茂、动作及表述规范，具有较强的实用性。

本书可作为开展跑酷运动课程的各类学校或社区俱乐部教学用书或教学参考用书，也可供跑酷运动的爱好者学习使用。

图书在版编目(CIP)数据

跑酷 / 上海体育学院体育教育训练学院组编. —北京：科学出版社，2023. 6

普通高等教育体育教育(应用型)专业系列教材

ISBN 978-7-03-075574-2

Ⅰ. ①跑… Ⅱ. ①上… Ⅲ. ①障碍跑-高等学校-教材 Ⅳ. ①G822. 5

中国国家版本馆 CIP 数据核字(2023)第 089246 号

责任编辑：张佳仪　马晓琳/责任校对：谭宏宇
责任印制：黄晓鸣/封面设计：殷　靓

科学出版社 出版
北京东黄城根北街 16 号
邮政编码：100717
http://www.sciencep.com

南京文脉图文设计制作有限公司排版
上海锦佳印刷有限公司印刷
科学出版社发行　各地新华书店经销

*

2023 年 6 月第　一　版　开本：B5(720×1000)
2023 年 6 月第一次印刷　印张：5　3/4
字数：103 000

定价：60.00 元

(如有印装质量问题，我社负责调换)

《跑酷》编写组

主　编

吴惠明　成宏阔

编　委

（按姓氏笔画排序）

刘　强　刘善德　李圣波
李梦婷　宋莲霞　张玮怡
赵晓滢　侯乐阳　袁叶怡

前　言

跑酷运动是一项新兴的、时尚的体育运动，是一项仅依靠自身体能、技巧克服自己周围各种障碍物，实现快速流畅攀越、移行，并展现自身技能的一项运动艺术，具有健身、健心、竞技、逃生、自由、观赏等特点。

近年来，跑酷运动在国内快速发展，深受青少年喜爱，尤其是大学生群体，更是成为跑酷运动的主流。然而，普通高校大学生参与跑酷运动的形式主要是校内的跑酷社团、跑酷兴趣小组、跑酷俱乐部等，目前，普通高校普遍缺乏跑酷运动相关课程，只有极少数的体育院校、师范类体育院系开设有跑酷运动选修课或体育俱乐部相关课程。为了更好地满足课程需要，更好地促进学生的个性及全面发展，也为了更好地促进高校课程改革与时俱进，需要大力加强普通高校尤其是体育类院校跑酷运动的课程建设。

目前，国内跑酷运动领域相关的图书较少，普通高校的跑酷课程缺乏专用教材，或是使用自编教材，因此，加强普通高校尤其是体育类院校跑酷运动课程教材建设工作非常迫切。

党的二十大报告中提出，“广泛开展全民健身活动，加强青少年体育工作，促进群众体育和竞技体育全面发展，加快建设体育强国”，同时，提出“深化教育领域综合改革，加强教材建设和管理”“办好人民满意的教育”。这为新时代、新征程背景下不断推进我国体育教育领域相关工作指出了方向。本书依据跑酷运动在普通高校尤其是体育类院校开展情况，结合社会层面跑酷俱乐部培训的相关经验，对跑酷运动相关理论与实践进行了全面阐述。全书共由跑酷运动概述、跑酷运动的生理学特点、跑酷运动的准备措施、跑酷比赛的组织安排、跑酷基本动作教学五章组成。其中，跑酷理论部分主要阐述了跑酷运动的概念、特点、起源、发展及国内外的现状；跑酷运动的供能形式与训练方法、跑酷运动技能形成的过程及相关机制；跑酷运动的服装及跑酷前后的准备与拉伸方法；跑酷运动竞赛的组织与裁判。实践部分主要阐述了跑酷运动常见的爬行类、落地类、起跳支撑类、稳定类、空翻类等五类动作的动作特点与教学方法。

为了便于学生课余时间自学和复习，每章都有学习目标和课后习题。

本书可作为体育类院校或其他普通高校、中小学、社区俱乐部跑酷运动课程教学用书或教学参考用书，也可供一般跑酷运动爱好者学习使用。

本书编写过程中，上海体育学院刘善德老师给予了全程指导，聊城大学成宏阔老师在跑酷运动概述、跑酷运动生理学特点及跑酷基本动作教学等核心章节的撰写方面做了大量的工作，上海东海职业技术学院刘强老师、上海体育学院研究生张玮怡等在资料收集、整理及跑酷基本动作教学等部分章节的撰写中付出了很多的努力，在此一并表示感谢！

由于我们的经验和编写时间有限，若书中存在疏漏之处，敬请读者提出宝贵意见。

吴惠明

2022 年 11 月

目　录

第一章

跑酷运动概述

学习目标

通过本章学习，了解跑酷运动的特点、起源及其在国内外的发展情况；了解当前国内跑酷运动的组织形式、相关培训活动及国内的主要跑酷赛事。

一、跑酷运动的简介与特点

（一）跑酷运动的简介

跑酷的产生源于现实生活的需要，人们通过加强自己的身体能力来提高面对紧急情况时的应对能力，其初衷是帮助人们学会面对生活中的危险情况。当前跑酷作为一种街头运动，就是以简单、有效的方式，不借助任何工具，只依靠自己的身体能力，由A点到达B点，两点之间尽量走直线。跑酷爱好者可以选择不同的环境，按照自己规划的路线奔跑，沿途遇到的障碍通过跑酷动作简单有效地越过，这些障碍可以是当前环境中的一切，如围墙、栏杆、台阶等，同时跑酷运动注重动作流畅度与动作表现形式的结合，所以跑酷也被看作是最有效的前进运动，可以锻炼人的多种运动能力。

（二）跑酷运动的特点

1. 跑酷运动场地、动作的自由性

跑酷运动不需要特定的场地，我们生活的各种环境和设施都可以作为跑酷运动的场地。同时，跑酷运动也不局限于固定的动作，练习者掌握基础动作之后可以发挥自己的想象力和创造力，创造出属于自己风格的动作。

2. 跑酷运动的健身性

跑酷运动中的猫爬、猫扑、金刚跳等动作，都是由模仿动物而来，让人们由社会转向自然，学习“他人”之长，特别是爬行类动作是人体发展很早期的一个动作，早于行走，爬是每个人最基本的动作模式，爬行动作需要动用的灵活性和稳定性与走一致，在训练当中爬可以放大对人体灵活性和稳定性的要求。此外，跑酷运动需要更加全面的身体素质，对人体的力量、速度、柔韧性等都有更高的要求。通过跑酷运动的锻炼，练习者能够增强机体功能，提高人体的运动能力。跑酷运动亦可以消除或缓解抑郁、恐惧等精神压力，调节心理健康。

3. 跑酷运动的娱乐性

参与跑酷运动能丰富业余生活，极大地缓解学习、工作和生活中的压力。参与跑酷训练后，练习者不但身心得到极大的放松，而且还能获得突破动作的成就感，使练习者深刻体会到跑酷的魅力所在。

4. 跑酷运动的观赏性

跑酷运动极具观赏性，它将街舞、体操、武术等多种艺术融合起来，各种纯跑和空翻动作惊险刺激而又优美，给人极大的视觉冲击感。在电影《暴力街区》《十月围城》《邪不压正》，以及成龙的诸多电影中都可以看到跑酷的精彩片段。由于跑酷的观赏价值，近年来，跑酷越来越多地出现在各种电影电视节目中，跑酷的观赏价值也使跑酷向着商业化的方向发展。

5. 跑酷运动的竞技性

跑酷运动不仅具有表演性和观赏性，也具有很强的竞技性。从中国首届跑酷运动大赛到中国极限跑酷联赛以及跑酷世界杯，近年来跑酷运动赛事不断，这都显现了跑酷运动的竞技性。尤其是随着跑酷赛事频出，一些重大赛事中的评分标准和规则要求也越来越严格。跑酷运动向竞技性体育发展的路可能还很长，但是前景也将会一片灿烂。

6. 跑酷运动的逃生性

网络上有一段很火的视频，视频中一骑摩托车的男子被汽车撞飞出去好几米远，在即将落地时男子下意识地做了一个跑酷中的侧滚翻动作，有效地避免了头部损伤。跑酷运动中的一些动作都具有实用性，跑酷爱好者在遇到危险时的受伤率大大降低，实验证明，在遇难时跑酷爱好者逃脱的概率是普通人的 20 倍。近年来，很多消防部队中也请专业的跑酷教练来训练消防救援人员跑酷。

二、跑酷运动的起源与发展

（一）跑酷运动的起源

1902 年，马提尼克岛火山爆发，三万多人丧生，当时法国军官乔治・伊柏尔亲自指挥附近一个村的人撤退，这件事情使伊柏尔意识到，一个人除了要有勇气还要有强壮、灵敏的身体。回到法国后，伊柏尔在兰斯大学开发了一套训练方法并将其用于通过提高自我的运动能力以对抗负面的自然风险，这种训练方法后来被法国人称作自然训练法。赫伯特在自然训练法中提到十项基本训练：走、跑、跳跃、四肢爬行、攀爬、平衡、投掷、抬举、自卫、游泳。训练在室外环境进行，预先选择一条长约几百米或几公里的线路，在这条路线中运用十种基本训练。这条路线又有两种方式设定，一种是自然状态的，另一种是人工设计的路线环境，这就是跑酷的最原始形态。赫伯特的自然训练理论对以后的跑酷运动的发展产生了重要的影响，这种训练方法在身体、精神等方面也影响了法国士兵。大卫・贝尔就是其中之一，他在童年时期受他父亲的引导而学习自然训练法，同时他还学习过体操和田径等运动。受到父亲的启发，大卫・贝尔将自然训练法应用到城市环境中，如城市中的一些建筑物，进而开发出跑酷（parkour）的概念，在此期间他认识了塞巴斯蒂安・福冈并与其一起练习，后来和他一起建立了雅马卡西（YAMAKASI）团队，YAMAKASI 是班图语，意思是探索人类潜能并激发身体与心灵极限的一种哲学，这也算是跑酷最初的哲学理念。

（二）跑酷运动在国外的发展

1999 年福冈希望这项运动更具创造力和表现力，而不是大卫提倡的流畅和简单实用。这个原因使福冈离开了大卫，把 parkour 带到了英国并将其称为自由奔跑（free running），这确实就是同一项运动，但有 2 个名字。但是因为 free runing 理念在英国被很多年轻人接受，所以蔓延到整个欧洲。

跑酷运动首先在国外的电影领域崭露头角，2001 年由阿里埃尔・泽图恩、朱利安・赛里（Julien Seri）执导，威廉・贝利和马利克・迪乌夫（Malik Diouf）等出演的电影《企业战士》，编剧吕克・贝松根据 YAMAKASI 团队发展的真实事迹编写，该片在未使用电脑特技的情况下，七位表演者应用各种跑酷技巧展现了一场视觉盛宴。

2003 年，跑酷创始人大卫・贝尔参演电影 *Banlieue 13*，中文译名《暴力街区》，片中大卫・贝尔完成大量高难度跑酷动作，使得影片格外惊险刺激，这部影片不但使很多人第一次了解到了跑酷运动，而且启蒙了第一批跑酷参与者。后来，跑酷更成就了《飙风小子》等一大批影片，几乎所有的动作片、惊险片里面都能看到跑酷的身影。

2008 年 9 月 3 日，首个全球跑酷锦标赛在英国伦敦拉开战幕，来自 17 个国家和地区的跑酷高手同场竞技，此时亚洲最盛行跑酷的国家是新加坡，中国大陆也有开始推广跑酷的迹象。2012 年，世界著名的英国跑酷团队 ParkourGenerations 作为欧洲地区跑酷爱好者的首选，在伦敦奥运会开幕式上进行跑酷表演，使跑酷运动在全世界范围内进一步得到推广。2018 年 12 月在第 82 届国际体操联合会大会上，国际体操联合会投票修改了相关规定，将跑酷纳入了体操的范畴，2022 年 10 月在日本东京举办了国际体操联合会第 1 届跑酷世界锦标赛，来自 39 个国家和地区协会的 100 名运动员参加了大赛，大大促进了跑酷运动的发展，这同时也意味着，国际体操联合会有可能将跑酷运动纳入 2024 年或 2028 年的奥林匹克运动会(简称奥运会)。

（三）跑酷运动在国内的发展

2006 年，跑酷运动开始进入中国，随着对跑酷相关知识技术的渴望，许多跑酷爱好者自主地发起聚集的号召，学习国外跑酷组织，各地纷纷成立跑酷组织团体。我国幅员辽阔，两年多的时间里，全国各地均涌现了众多的跑酷团体。2006 年 7 月，杜易泽的北京跑酷团(一年后正式更名为中国跑酷俱乐部)成立，2008 年的央视春节歌舞晚会向他们的团队发出了演出邀请，邀请他们为水木年华的《生命的挑战》伴舞。跑酷运动 2007 年 9 月在青岛兴起，乒乒(网名)等 3 个年轻人组织了“青岛羽翼社”。跑酷运动的练习形式逐渐发展成为团队，跑酷爱好者聚集在一起，共同分享跑酷资源、交流跑酷训练心得、交流自己的跑酷经历、共同创新动作。我国较早的跑酷团体以北京为中心向外辐射，有北京跑酷公社、北京城市猴子跑酷俱乐部、武汉 CT 跑酷俱乐部、西安 FreeFly 跑酷俱乐部、沈阳异行跑酷俱乐部、山西龙行社跑酷俱乐部、南京 TNT 跑酷俱乐部等。在这个时期，跑酷的教学途径主要就是团队内部的口手教授传播，由于这个时期的网络已经比较发达，跑酷爱好者可以通过网络如 QQ 群、贴吧等来寻找志同道合的朋友，所以只要有跑酷爱好者的地方就有跑酷社团，据不完全统计，2010 年全国有大小跑酷社团 300 余家，仅北京就有大型跑酷俱乐部 4 家，基本上每个省会城市都有至少一家大规模的跑酷俱乐部，各地级市也基本上成立了大小不一的跑酷团体。同时，从 2009 年开始跑酷社团之间开始频繁进行区域性交流，比较大规模的就是北京跑酷交流会、华中跑酷联盟、东北跑酷交流会及南方的一些跑酷交流活动等。随着跑酷运动在我国的发展，跑酷参与者已经不能满足于初期纯粹模仿学习的一些跑酷动作，由于各地的跑酷爱好者在跑酷组织的帮助下发展水平较快，一些跑酷组织出现了水平较高的跑酷高手，这些高手在训练的过程中逐渐提高难度、创新动作，通过拍摄视频、区域交流的方式向外展示训练成果，有很多人成为专门的跑酷教练，使我国跑酷水平有了很大的提升。2010 年，中国极限运动协会举办了第一届全国跑酷大赛，进一步促进了跑酷运动的交流与发展。2012年以来，随着各地民间跑酷组织的兴起，大家也在努力地思考跑酷应该如何发展这个问题，如跑酷商业演出、与跆拳道馆或武术馆类的合作教学、参加综艺节目等。2018年以来，随着短视频平台的崛起，越来越多的跑酷人有了新的平台可以宣传这项运动，也有了新的收入途径。同年，国际体操联合会将跑酷纳入了体操的范畴，跑酷运动又迎来了新的发展机遇。

三、当前国内跑酷运动发展现状

（一）国内跑酷组织

当前国内跑酷组织在学校里主要表现为学校跑酷社团，在社会上主要表现为跑酷俱乐部。

1. 跑酷社团

学校里的跑酷社团大都是以共同的爱好发展起来的，通常由某一个或者一小部分人发起，然后吸引更多的人了解这项运动。学校社团环境较为轻松，在练习跑酷的同时还可以充分发挥跑酷的社交性和娱乐性。例如，青岛大学的Freeman跑酷社团，在组织成员一起训练的同时也会开展一些青岛市的跑酷公开课，推广跑酷运动的发展。但跑酷社团本身也有一定的局限性，由于每个人时间较为分散，随着时间的推移人员流动性变大，有些人进步很慢，久而久之很可能就会放弃这项运动。

2. 跑酷俱乐部

2007年，中国第一家职业跑酷俱乐部成立，到目前为止，据不完全统计，全国有组织的跑酷俱乐部已超200多家，参与跑酷运动的人员已达10万多人，并保持强劲增长的势头。我国幅员辽阔，各大省市均有跑酷俱乐部定期训练，发展较好的有北京的“城市猴子”、南京的“TNT”等。当前跑酷俱乐部的主要营利方式有教学培训，电影、综艺、商业演出，自媒体，场地使用等。

（1）教学培训：大部分跑酷俱乐部由跑酷教练开办，教学对象以青少年为主，主要教一些过障碍类的动作和少部分空翻动作，类似于少儿兴趣班的形式；少数跑酷俱乐部以成人为主，主要培训一些成人的跑酷，以空翻动作为主，收费也相应较高，但场地设施较好。

（2）电影、综艺、商业演出：一些活动的开幕式，综艺节目的舞台表演，电影的替身演员、特技演员等，大都由具有一定规模的跑酷俱乐部成员负责演出。

（3）自媒体：一些跑酷俱乐部会拍摄一些有关跑酷的教学视频，发表在自媒体平台上，通过引入流量来赚取一定的收入。

(4) 场地使用:类似于健身房的会员制,俱乐部以日卡、月卡、年卡等方式进行收费,受众者大都是具有一定基础的跑酷爱好者。

(二) 跑酷运动的相关培训

1. 跑酷教练员培训

2018 年,亚洲跑酷运动联合会(Asian Parkour Sports Association, APSA)成立。其根据跑酷运动的特点,设计出了一套适合亚洲人种练习的跑酷运动教学体系。次年,APSA 开始在中国培训自己的跑酷教练和认证人员,当前 APSA 的跑酷教练认证机构有北京的轻行者俱乐部、重庆的跃飞跑酷俱乐部、郑州的 FTF 跑酷俱乐部、温州的 MPT 跑酷俱乐部及西安的元跑酷俱乐部。参加跑酷教练员培训的人员,要学习相应的跑酷技术和教学方法,还要通过考核后,才能拿到相应等级的跑酷教练员证书。APSA 跑酷教练分为六个等级,级别由低到高分别为助理教练(assistant coach, AC)、初级教练(basic coach, BC)、高级教练(senior coach, SC)、教练课助理教练(coach development course assistant coach, CDCAC)、教练长官(master coach, MC)、教练总监(course director, CD)。

当前跑酷教学机构获得 APSA 授权的标准:

(1) 拥有法人资质。

(2) 拥有两名以上的助理教练。

(3) 拥有固定的教学场地。

(4) 教学场地内道具符合 APSA 的跑酷教学标准。

同时,联合会的工作重点将放在制定亚洲标准、适合亚洲人的训练体系及赛事推广等方面,在与中国、日本、新加坡、越南等地区的跑酷机构达成合作的同时,还将与多个全球性国际机构合作,为参加、举办跑酷世锦赛和 2024 跑酷申奥共同努力。

2. 跑酷教学培训

当前跑酷教学培训大都是由一些地区性的跑酷组织开展,这些组织就是之前提到的跑酷俱乐部,民间跑酷俱乐部凭借着自己多年的发展,每个俱乐部也有自己的一套流程与标准,他们的教学对象为青少年与成人,大多数跑酷俱乐部培训对象为青少年,成人仅占一小部分。向相关跑酷教练咨询得知,这是由于青少年时间相对充裕,对跑酷比较感兴趣,家长也支持孩子能够掌握这样一项提高逃生能力的运动;对于少部分来参加培训的成人来说,他们一般有相关的运动基础,同时对一些华丽的空翻动作比较感兴趣,所以才会来专门学习,当然,成人的收费相对于青少年也高一些。

3．跑酷裁判培训

在2018年之前，跑酷裁判并没有相关的培训，裁判人选一般是由跑酷圈内比较资深的前辈组成，跑酷归于国际体操联合会之后，2019年，国家体育总局体操运动管理中心在日照举办了第一次跑酷裁判培训“2019—2020年国际体联跑酷评分规则全国学习班”，这也标志着跑酷运动的竞赛体系趋于完整。

（三）国内跑酷竞赛

2018年12月举办的第82届国际体操联合会大会上，国际体操联合会投票修改了相关规定，将跑酷纳入了体操的范畴。这意味着，国际体操联合会有可能将跑酷运动纳入2024年或2028年的奥运会。这使跑酷比赛的格局也发生了相应的变化，因此2018年可以说是跑酷竞赛的一个分界点。

1．2018年之前的竞赛形式

2018年之前，国内跑酷比赛主要分为跑酷赞助比赛、全国极限跑酷大赛、各地市跑酷邀请赛，以全国极限跑酷大赛与跑酷赞助比赛为主流。但这些比赛数量较少、每年举办的比赛并不多。

跑酷赞助比赛是以商业赞助的形式开展，如战马饮料跑酷比赛等，一般这些比赛只是随机地在某些跑酷发展较好的地区举办一次。不过影响较大的全国红牛跑酷大赛，在2013～2015年举办了很多次分站比赛与总决赛。虽然这项比赛2015年之后就没有举办过，但它还是形成了自己的评分标准与体系，因此也吸引了大规模的跑酷参与者，对跑酷竞赛的发展起到了一定的推动作用。

全国极限跑酷大赛是由国家体育总局极限运动协会主办，跑酷中国、千百度传播机构承办，美耶（上海）体育咨询有限公司独家运营的全国最顶尖的官方跑酷赛事。大赛从2009年开始两年一届，但根据网上查询的资料显示，该比赛仅举办了三届。大赛分为个人竞速赛、个人技巧赛、团队竞速赛和团队技巧赛，团队赛一般以各个俱乐部的形式参加。

虽然2018年之前的竞赛规模并不大，各个比赛也没有形成长期的联赛形式，但正是这些比赛为各地的跑酷参与者搭建了一个交流的平台，培养了最早一批跑酷竞赛的元老级人物。也正是这些人为中国跑酷运动的后续发展起到了重要的推动作用，如第一届全国红牛跑酷大赛个人技巧赛冠军孙洁，一直致力于跑酷运动的发展，后来也成为一些跑酷顶级竞赛中的资深裁判。

2．2018年之后的竞赛形式

2018年12月将跑酷纳入了体操后，跑酷比赛的格局也发生了相应的变化，2019年注定是跑酷比赛百花齐放的一年，前有中国极限运动协会联合地方体育局举办的中国极限跑酷联赛，半年内就依次在山东济南、河南濮阳、浙江湖州、浙江衢州举办了比赛，通过积分的形式得出排名，后有国际体操联合会在成都举办的国际跑酷世界杯以及在日照举办的世界跑酷锦标赛全国选拔赛，这些比赛使得跑酷运动员们有机会代表国家与世界各地选手进行比赛。

当前跑酷竞赛主要分为中国极限跑酷联赛、各地方的跑酷邀请赛两种形式。值得注意的是，尽管当前跑酷已经纳入体操的范畴，官方上跑酷是归于中国体操协会，受命于国际体操联合会，但当前国内跑酷竞赛仍呈现以中国极限跑酷联赛为主，各地市跑酷邀请赛为辅的形式。近年由国际体操联合会主办，国家体育总局体操运动管理中心、中国体操协会联合承办的官方比赛只有 2019 年在成都举办的国际体操联合会跑酷世界杯和在日照举办的世界跑酷锦标赛全国选拔赛。

中国极限跑酷联赛是以加速推进全国体育文化事业发展、推广跑酷及极限运动文化、强化全民健康意识、提高全民健康水平的一项全民跑酷主题积分赛事，主办方为中国极限运动协会，承办单位一般为各地市体育局，每年在全国各大城市展开。2019 年 8 月，第一届中国极限跑酷联赛在济南举行，随后又依次在河南濮阳、浙江湖州、浙江衢州举办了比赛，中国极限跑酷联赛拥有当前比较成熟的竞赛体系，由于它采用分站的形式比赛，每次比赛的场地器材、竞赛项目、评分制度都有完整的标准，各站比赛之间的评分也具有可比性，此外竞赛也分出了大众组与精英组，精英组设置了积分奖励，因此不同的分级制度也使得这项比赛汇集了全国大部分的跑酷俱乐部与跑酷参与者。

各地市的跑酷比赛一般为各地方的体育协会与当地的跑酷俱乐部联合举办。根据中国跑酷网显示，2018 年之前的地方类跑酷邀请赛并不多，但 2018 年之后，各地方的跑酷比赛也逐渐增多，一般在中国极限跑酷联赛的间隙举行，如 2019 上海城市跑酷公开赛、中国・温州市跑酷邀请赛、深圳南跑技言跑酷比赛等，但是各个比赛由于举办方不同，规则也不具有一致性，比赛种类一般根据当地跑酷参与者的情况而定。例如，上海跑酷公开赛分为儿童组和成人组，儿童组中分为趣味赛、单程赛、折返赛等，温州跑酷邀请赛设有青少年竞速赛、成人竞速赛、成人技巧赛、单项挑战赛等项目。

3. 国内举办的国际赛事

当前国际赛事在国内跑酷比赛中仅占一小部分，如 2017 年在张家界举办的中外极限跑酷对抗赛和“移步登天”卡拉宝世界跑酷大赛，在合肥举办的 2017 合肥国际跑酷公开赛等。2018 年之后，国内共举办了两次国际跑酷赛事，分别为国际体操联合会主办，国家体育总局体操运动管理中心和中国体操协会联合承办的国际体操联合会跑酷世界杯、中国极限运动协会举办的2020“一带一路”国际跑酷大师赛。

这些国际跑酷赛事不仅为国内跑酷者与国外跑酷者提供了同台竞技的机会，也增加了国内外跑酷爱好者在跑酷技术、跑酷风格、跑酷发展等方面的交流。

练习题

1. 简述跑酷运动的特点。
2. 简述跑酷运动的起源及其在国内外的发展情况。
3. 当前国内跑酷运动有哪些组织形式？试举例说明。
4. 当前国内跑酷运动的相关培训活动有哪些？试举例说明。
5. 当前国内跑酷运动的主要赛事有哪些？

第二章

跑酷运动的生理学特点

学习目标

通过本章学习，掌握跑酷运动的主要供能形式及一般训练方法；较好地理解跑酷动作运动技能形成的过程及跑酷动作运动技能形成与发展的方法。

一、跑酷运动与供能系统

（一）人体的三大供能系统

人体有三大供能系统，依其运动强度和运动持续时间的不同可分为磷酸原（ATP-CP）系统、糖酵解（乳酸能）系统和有氧氧化（氧化能）系统。

1. 磷酸原（ATP-CP）系统

磷酸原（ATP-CP）系统又称非乳酸能系统。它是由肌肉内的腺苷三磷酸（adenosine triphosphate，ATP）和磷酸肌酸（creatine phosphate，CP）这两种高能磷化物构成，ATP 与 CP 同样都是通过分子内高能磷酸键裂解时释放能量，以实现快速供能。因此，在运动时，供能系统将 ATP 与 CP 结合在一起称为磷酸原系统。ATP-CP 系统供能不在于其数量的多少，而在于其能量的快速可动用性。在 3 个供能系统中，ATP-CP 系统能量输出功率最高。凡是短时间极量运动时所需的能量几乎全部由 ATP-CP 系统供给。

利用 CP 分解所释放的能量合成 ATP 时，ATP 的合成速度非常快，但持续时间很短，只有 7～10 秒。ATP-CP 系统是合成 ATP 速度最快的供能系统。100 米跑、跳跃、投掷、举重等项目主要依靠 ATP-CP 系统供能。

2. 糖酵解（乳酸能）系统

机体利用肌糖原或葡萄糖酵解所释放的能量合成 ATP 的系统称为糖酵解系统，又称为乳酸能系统。糖酵解首先动用的是肌糖原。当肌糖原储备量下降时，肌细胞可利用血液中葡萄糖作为糖酵解的原料。糖酵解的产物是乳酸，乳酸在体内具有较强的酸性。当体内缓冲乳酸的能力跟不上乳酸的产生速率时，肌肉和血液中酸性将增加，从而抑制糖酵解，导致肌肉收缩力下降。在体内，乳酸不是终产物，其还可以进一步氧化分解或者经过肝脏的糖异生作用重新合成葡萄糖。以肌糖原为原料开始酵解，每个葡萄糖分子可以生成 3 分子 ATP；以葡萄糖为原料开始酵解，每个葡萄糖分子可以生成 2 分子 ATP。糖酵解系统合成 ATP 的速率是 ATP-CP 系统的一半，但机体依靠该系统供能可持续 1～3 分钟。400 米跑、100 米游泳等是典型的依靠糖酵解系统供能的运动项目。

3. 有氧氧化（氧化能）系统

机体利用糖、脂肪和蛋白质氧化分解所释放的能量合成 ATP 的系统称为有氧氧化系统，又称为氧化能系统。线粒体是实现氧化分解反应的场所，所以，肌细胞中线粒体的数目和体积、肌红蛋白含量及氧化酶的活性直接影响该细胞的氧化分解能力。依靠有氧氧化途径合成 ATP 的速率比较慢，但持续的时间比较长。持续时间在 3 分钟以上的运动项目主要依靠糖和脂肪的有氧氧化来合成肌肉收缩所需要的 ATP。一般情况下，蛋白质不进行氧化分解提供肌肉活动所需要的能量，在时长超过 30 分钟的激烈运动中，蛋白质才氧化分解释放能量合成 ATP，但是其供能一般不超过运动总耗能的 18%。

（二）跑酷运动的主要供能形式与训练方法

对于单个跑酷动作的练习，如完成一个空翻或者过障碍动作，要求练习者具有短时间的爆发力，因此此时以 ATP-CP 系统供能为主。而对于完成连续的跑酷动作来说，以跑酷竞赛中的技巧赛为例，其时间较短，为 10～20 秒，既伴随着短时间的奔跑，中间又穿插着过障碍动作或空翻动作，此时以糖酵解系统供能为主。因此，跑酷运动主要依靠糖酵解系统和 ATP-CP 系统来供能。值得注意的是，很多跑酷练习者在完成成套动作，特别是最后几个动作时，会出现疲劳无力的情况，这是由于一套完整的跑酷动作的连续性较强，要求练习者具有很好的无氧耐力，即缺氧状态下，长时间对肌肉收缩供能的工作能力。任何运动，3 个系统都参与供能，只是不同的运动所需要的主要供能系统不同，这完全取决于运动的强度和时间。例如，跑酷运动虽然以 ATP-CP 系统和糖酵解系统供能为主，但有氧氧化系统也参与其中，只是占比更小。

针对以上跑酷运动能量供应的生理学特点，可以通过以下方式来练习，练习时注意要进行训练前的热身和训练后的拉伸与放松。

1. 提高 ATP-CP 系统和糖酵解系统供能的训练方式

主要的训练方法为短时间大强度运动，同一种动作要做 3～5 组，每组动作的个数依自身情况而定。组与组之间休息不能超过30秒，完成后，直接做下一个项目，中间尽量不要休息。

（1）上肢——俯卧撑：俯卧撑主要锻炼的肌肉群为肱三头肌，同时还锻炼三角肌前束、前锯肌和喙肱肌及身体的其他部位的肌肉。其主要作用是提高上肢、胸部、腰背和腹部的肌肉力量。

动作要求：身体必须保持从肩膀到踝关节呈一条直线，双臂应该放在胸部位置，两手相距略宽于肩膀，做俯卧撑时，应该用2～3秒来充分下降身体，最终胸部应距离地面2～3厘米；然后，要马上用力撑起，回到起始位置。

（2）下肢——半蹲跳：半蹲跳主要锻炼股四头肌、臀大肌和腓肠肌。

动作要求：开始时，身体处于半蹲位置，双手置于身后，身体向前上起跳，同时双臂上摆，使身体有一个短暂的腾空，到着地时为完成一次。

（3）核心——悬垂举腿：悬垂举腿可以有效锻炼到腹外斜肌、腹内斜肌、腹直肌、髂腰肌等核心肌群。

动作要求：躯干伸直，用力收缩腹肌将伸直的双腿抬高到水平位置，然后慢慢放下双腿，身体回到悬垂位置后再开始下一次动作。应当缓慢而有力地控制速度。动作做得越快，惯性的成分越大，效果越差，因为惯性会减轻腹肌的紧张程度。

2. 提高无氧耐力的练习方式

（1）400米冲刺：在很多无氧耐力训练中，冲刺跑是一种比较常用的手段。因为它十分符合无氧耐力的训练标准——“强度高，时间短”。当然，在进行400米冲刺的训练过程中，用时越短越好，用时短说明耐力得到了不小的提升。需要注意的是，在进行训练之前，一定要做好充分热身的准备，以免进行高强度训练的时候出现不必要的运动损伤。

（2）3分钟计时跑楼梯：提升阶段的耐力训练是有氧耐力训练向无氧耐力训练的过渡，这个时候计时跑楼梯是一种比较常用的训练手段。尤其是将训练时间缩短到几分钟之内，这种训练是非常考验人体耐力的，对无氧耐力提升很有效果。不过，计时跑楼梯对膝关节的压力很大，如果在训练的过程中感到不适，要适当调整强度，或者中止训练。

当然，以上是针对没有跑酷基础的练习者，训练方式也较为简单，以抛砖引玉为主，由于每个人身体素质不同，训练时也可以选其他相似的动作来代替。倘若你可以完成一些跑酷动作，可以通过跑酷动作来进行练习，这样不但可以增加训练的积极性，而且跑酷动作锻炼效果更加广泛。跑酷中有一些过障碍动作，如金刚跳动作的起跳阶段可以锻炼下肢，腾空时的收腿能练习到核心的部位，手臂的支撑可以锻炼上肢。虽然短时间多次重复练习金刚跳锻炼了很多肌肉、提高了动作的熟练程度，但是运动强度也许并不能达标，因此更推荐在无氧耐力练习时使用跑酷动作，如设计一条连续过障碍路线，这条路线中应用的跑酷动作要较为广泛，最好既有动力性动作，又有静力性动作。例如，连续过障碍动作完成后，追加一个靠墙倒立 10 秒或者猫挂 10 秒等，一组动作的完成时间控制在 10～30 秒，根据自身情况制定组间间歇和练习组数，这样就可以通过跑酷运动的专项练习来提高自身的无氧耐力。

二、跑酷动作运动技能的形成过程

运动技能的形成，是由简单到复杂的建立过程，实质是在大脑皮层上建立暂时性神经联系的过程，其有建立、形成、巩固和发展的阶段性变化的生理规律。只是每一阶段时间的长短随动作复杂程度的不同而不同。一般说来，形成运动技能的过程可划分为泛化阶段、分化阶段和巩固阶段等相互联系的 3 个阶段。运动技能在形成以后，通过不断反复练习，还可以发展到更高的程度，即动作自动化。

（一）跑酷动作运动技能形成的泛化阶段

学习任何一个跑酷动作的初期，通过对动作的理解及自己的实践，练习者只能获得一种感性认识，对运动技能的内在规律的理解并不完全。由于接受的是一些新奇的刺激，大脑细胞强烈兴奋，且兴奋呈现扩散状态，出现泛化现象。练习动作时表现出动作僵硬，不协调，出现多余的动作，而且做动作很费力。在此阶段，练习者应着重掌握跑酷动作的主要环节，不要过多在意动作细节。例如，金刚跳动作，刚开始练习时会感觉到僵硬，并且特别累，这时只要求完成动作的主要环节，即通过手的支撑后收腿越过障碍物即可，不用过多在意起跳后空中的姿势是否优美及动作是否流畅。

（二）跑酷动作运动技能形成的分化阶段

在不断的练习过程中，练习者对该运动技能的内在规律有了初步的理解，一些不协调和多余的动作也逐渐消除。此时，大脑皮层运动中枢兴奋和抑制过程逐渐集中，运动动力定型初步建立。练习者大部分错误动作得到纠正，并能比较顺利地、连贯地完成整套动作。在此阶段，练习者应特别注意错误动作的纠正，更多地体会动作的细节。还是以金刚跳动作为例，当你可以熟练地完成金刚跳动作时，可以通过录视频的方式将自己的动作与正确动作进行对比，观察一下动作的细节，如收腿是否迅速、蹬地是否有力等。

（三）跑酷动作运动技能形成的巩固阶段

通过进一步练习，大脑皮层的兴奋和抑制过程在时间和空间上更加集中和精确。运动动力定型建立并达到巩固。此时，练习者能准确、熟练地完成整套动作，练习动作时也感到轻松自如。在此阶段，练习者可以分析一下跑酷动作的技术要领，不断提高动作的质量，使动作达到自动化程度。例如，当你的金刚跳动作做到细节到位、错误动作基本消除时，可以研究一下动作的原理，如该动作的动力来源、支撑时肩膀和双手的位置是否会影响动作的质量、该动作各个阶段重心的控制等，通过这些思考，进一步提高动作质量。

形成运动技能的3个阶段是相互联系的，各阶段之间并没有明显的界限，训练水平高的运动员在学习新动作时，泛化过程很短，对动作的精细分化能力强，形成运动技能快。跑酷新手在学习新动作时，泛化阶段较长，分化能力差，掌握动作较慢。另外，形成运动技能还与动作的复杂程度有关，动作越复杂，泛化过程就越明显，分化的难度也就越大，形成运动技能所需要的时间就越长。例如，双金刚动作就要求你腾空后短时间内对身体的控制能力强，动作比金刚跳更加复杂，其达到巩固阶段的时间也就更长。

（四）跑酷运动的动作自动化

动作自动化是运动中整套动作或动作的某些环节可以在无意识的条件下完成。这是运动技能不断巩固和发展的必然结果。例如，走路是人类自动化的动作，在走路时可以谈话、看报，而不必有意识地想应如何迈步、如何维持身体平衡。又如，技术熟练的篮球运动员在比赛中的运球等动作往往也是自动化的动作。动作自动化对于跑酷运动也尤为重要，因为跑酷运动最初的目的就是增强人的逃生能力，通过不断反复的练习，当你面对障碍物不是去思考具体动作应该如何去做，而是可以不假思索地做出跑酷动作时，你的跑酷动作才可逐渐达到自动化阶段。例如，面对栏杆，当你握住栏杆的一瞬间，就可以下意识轻松自如地完成一个懒人跳动作；当你不慎摔倒时可以本能地做出一个侧滚翻动作，这都是动作自动化的表现。因此，要想提高跑酷动作的运动技能，就必须使动作达到自动化程度。但即使达到了动作自动化，还需要不断练习，力求巩固和提高动作质量。因为在动作自动化阶段，第一信号系统的活动经常不能传递到第二信号系统中去，如果动作发生少许变化，可能一时察觉不了，等到发现时可能变形的动作已因多次重复而巩固下来。这也是很多练习者，一旦错误动作形成习惯，要改正这个错误动作比较困难的原因。

三、跑酷动作运动技能形成与发展的方法

（一）跑酷动作运动技能与本体感觉

本体感觉是指肌、腱、关节等运动器官本身在不同状态（运动或静止）时产生的感觉（如人在闭眼时能感知身体各部的位置）。因位置较深，又称深部感觉。此外，本体感觉传导通路还可以传导皮肤的精细触觉（如辨别两点距离和物体的纹理粗细等），主要涉及躯干和四肢的本体感觉传导通路（属于顶叶功能）。一个比较简单的例子就是，当你闭着眼睛，你也能知道你现在腿是伸直还是弯曲的，或者知道自己是站着还是坐着的。

应用到跑酷领域，当你完成一个跑酷动作时，可以通过精准的肢体感知能力，在不用眼睛看的情况下，感知到起跳发力的大小、团身的时机，同时判断落地的姿势，即在各个动作环节下，控制自己身体的能力。例如，原地后空翻分为起跳、腾空、团身、落地几个部分，你需要依靠本体感觉在每个部分改变自己运动的状态，从而更好地完成动作，这一方面需要很好的本体感觉，另一方面也需要反复不断的练习。因此，刚开始练习跑酷动作时，可以先采用一些辅助练习的手法，可以对空间位置精确分化。例如，在保护下练习或者降低高度，通过反复练习，建立正确的本体感觉。另外，也可以通过训练来加强本体感觉，以膝、踝关节为例，我们可以采用一些在不稳定平面的力量和平衡练习，达到强化相应肌肉中肌梭、腱梭的目的，可以在软垫或者瑜伽球上进行单脚站练习，练习的时候，我们的目标除了站稳不晃之外，还要感受踝关节的位置变化。在我们身体由晃动到稳定下来这个过程中，不断强化踝关节在不稳定平面位置状态的变化感受，从而达到加强本体感觉的目的。此外，本体感觉在预防运动损伤方面也有重要的作用，当你落地姿势不对时，可能会突然扭脚，此时踝关节会“下意识”地对抗扭脚，自动纠正脚踝的位置，避免扭脚和摔倒，这同样是本体感觉在起作用，即对突然的扭转应力做出及时反应。

（二）跑酷动作运动技能与分化抑制

所谓分化抑制，即机体将一些错误的动作从正确的动作中区分出来并加以抑制的过程。分化抑制是纠正错误动作、建立正确动作的重要神经过程。分化抑制能否准确地建立是学习新动作、形成运动技能的影响因素之一。特别在学习动作的初期，大脑皮层暂时神经联系尚未形成，易出现多余动作。例如，当你发现后空翻仰头导致高度过低时，找一个人对自己进行保护，练习时通过有意识地梗头来提高后空翻的高度。此外，在掌握主要动作环节后，应注意动作的细节（收腿的时机、落地的姿势等），各个动作之间的配合也要达到精细的分化，以培养正确的动作意

识。在练习动作时，还可以采用增加动作难度的方法来提高分化能力，可使运动技能更加完善和精确，如可以通过限制金刚跳动作的落地点，通过有意识的落地来提高动作质量，在复杂的情况下完成正确动作，促进运动技能的巩固和完善。最后，还可以用正误对比的方法，如将自己的动作视频与正确动作进行对比，加速分化抑制的发展。

（三）跑酷动作间运动技能的相互影响

在跑酷运动中有很多基本环节相同的动作或附属细节相同的动作，在练习中运动技能彼此会产生影响。其影响有好的方面，也有坏的方面，在练习跑酷时应注意消除不良影响，善于利用良好影响，以加速运动技能的形成。

1. 良好的影响

原有的运动技能可以促进新的运动技能形成；同时学习几种运动技能时可以彼此促进；新的运动技能的形成有助于原有运动技能的巩固和完善。例如，两个人同时学习转墙动作，原来已经掌握转台动作的人，学习起来就比较容易，掌握新运动技能也比较快，学习转台动作之后，对学习转墙动作有良好的影响，而转墙动作也可以进一步加深跑酷练习者对转台动作的理解。此外，类似的情况还有侧金刚和金刚跳，钻栏杆和懒人跳、侧手翻等动作。

2. 不良的影响

原有的运动技能妨碍新的运动技能的形成；新形成的运动技能破坏原有的运动技能；同时形成几种运动技能时，彼此妨碍。例如，当你学会后手翻动作之后，再练习后空翻时，由于习惯了后手翻的蹬地起跳，会导致后空翻动作高度过低且向后的距离过大，因此两个动作尽量不要同时学习。

运动技能之间的相互影响是比较复杂的，一般说来，为了促进运动技能迅速建立，可以把基本环节相同的动作编成一组进行学习。例如，先学习平地金刚，体会双手撑地时的收腿，再练习金刚上台，体会蹬地起跳，最后再练习金刚跳动作。

练习题

1. 简述跑酷运动的主要供能形式与一般训练方法。
2. 跑酷动作运动技能形成可分为哪几个阶段？各阶段的主要特点是什么？
3. 跑酷动作运动技能形成与发展的一般方法有哪些？

第三章

跑酷运动的准备措施

学习目标

通过本章学习，了解跑酷运动前的一般准备措施，掌握跑酷运动前、后的一般热身与拉伸放松方法。

一、服装与随身携带物品

（一）服装

刚开始练习跑酷时穿一身宽松的运动服即可，观看一些国外的跑酷视频你也许会发现他们的裤子都特别宽大，如国外的 GUP 风格①，搭配这种服装会使流畅简洁的动作显得更加行云流水。但是新手不建议穿太过宽大的裤子，一是刚开始练习动作时以能够完成为主，可以等熟练掌握动作后再选择服装来为自己的动作进行点缀，二是太过宽大的裤子容易发生安全事故，如新手过栏杆时因裤子宽大而踩到了裤脚导致直接摔了下来。可以穿一些略微宽松的，如英伦范儿直筒裤。鞋子的话，对于刚开始练习的新手，以减震效果比较好的鞋子为主，因为刚开始学习动作，不规范的落地特别容易震脚，其次就是鞋子的摩擦力要好一些，以避免滑倒。

（二）随身携带物品

（1）充足的水源，训练时应及时补充水分，有条件可以准备淡盐水或者运动饮料。

（2）巧克力或者士力架，避免训练量过大导致低血糖。

---

① GUP 风格是以西班牙 GUP 跑酷团队所命名的，其有浓厚的街头风格，由较为肥大的裤子和宽松的上衣组成，穿着 GUP 风格衣服可以表现出跑酷动作的飘逸和灵活，亦可以弥补一些动作的瑕疵，使得动作更加美观。

（3）云南白药喷雾剂、创可贴，前者针对闭合性的扭伤，后者可以应对一些局部的擦伤。

（4）毛巾或者头发较长可以戴发带，避免出汗时影响视线。

二、准备活动

准备活动在英文中是用“warm-up”来表达，说明准备活动主要使身体热起来，它可以改善人体的机能状态，使体温升高提高代谢水平，此外还能克服内脏器官的生理惰性，避免运动损伤。因此在跑酷练习前进行准备活动至关重要，准备活动分为一般性准备活动和专门性准备活动。

（一）一般性准备活动

一般性准备活动的强度以身体微微出汗为主，一般先进行 5～10 分钟的慢跑，然后再进行各个关节部位的活动。从上至下依次为头部、肩部、腰部、膝关节、踝关节，使全身各主要肌肉群、关节、韧带都得到充分的活动，为接下来的跑酷练习做准备。这里推荐一个比较全面的热身方法——最伟大拉伸，这套动作可以充分拉伸下肢、上肢、躯干的各个部分，增加关节活动度，是非常高效的热身动作，慢跑后做此热身动作 1～2 组。

最伟大拉伸动作做法：

（1）直立姿窄站位，两脚间距比肩宽稍窄，背部平直，腹部收紧，双臂置于身体两侧，左脚抬高至大腿与地面平行，向前跨步呈弓步，能觉右侧臀部收紧。

（2）俯身，右手支撑地面，左肘抵在左脚的内侧，保持牵拉姿势 1～2 秒。

（3）左手从左腿内侧向上打开，眼睛看手指尖方向，两臂呈一直线，保持牵拉姿势 1～2 秒。

（4）双手撑地，左腿从膝状态伸直，脚跟支撑，脚尖用力绷起，保持牵拉姿势 1～2 秒。

（5）回到弓步姿势放松，右腿起回到开始站立姿态，换对侧，重复相应动作。

（二）专门性准备活动

专门性准备活动一般与要练习的跑酷动作密切相关，如今天要练习金刚跳动作，这个动作主要依靠下肢的起跳和双手的支撑，刚开始练习可能对手腕的压力较大，那么在一般性准备活动结束后，首先着重活动一下手腕，蹲下手掌贴地，身体稍前倾，加大手腕的拉伸幅度，在舒适的范围内拉伸，然后手背贴地，再做一组，下肢的起跳可以进行收腹跳、双手扶台支撑起跳的练习。专门性准备活动不是一成不变的，可以根据不同的练习动作制定不同的专门性准备活动，从而促进相关运动中枢之间的协调。

三、跑酷运动后的拉伸

运动后拉伸能够缓解肌肉酸痛，促进血液循环，提高身体恢复能力，提升身体的柔韧性，降低运动中的风险，防止肌肉僵硬等。因此，跑酷运动后一定要进行拉伸放松活动。

1. 肩部拉伸

这是个简单且有效的拉伸动作，特别是拉伸肩关节周边的肌肉。

做法：双脚站立与髋同宽，双膝微弯。将左手越过身体，手肘微弯。并以右手固定于左手肘处，然后将左手臂向身体靠，直到感觉到肩膀的肌肉紧绷，换边再重复相同动作。

2. 背部拉伸

这个简单的拉伸动作主要是拉伸上背部的肌肉。

做法：手指交扣，掌心向外，将双手抬至胸前高度并伸直手臂，锁住手肘并将肩部向前推出。

3. 背阔肌拉伸

此拉伸动作直接作用于背阔肌。

做法：站立于能支撑体重的与肩等高的支撑物前，以双手抓握支撑物并将身体往后倾，屈曲膝部。双腿向地面施力，手臂向后拉。

4. 胸大肌拉伸

这个动作主要拉伸胸部上缘的肌肉，可以放松肌肉并增加柔软度。

做法：站立在稳定的直立支撑物旁。将一手置于支撑物后侧，保持上臂与肩膀在同一平面。将身体慢慢向前推出，直到胸部肌肉有拉伸的感觉。

5. 髂胫束拉伸

髂胫束是位于大腿外侧下方的带状结缔组织。跑步、健步走、体操和舞蹈运动员应该经常做此拉伸动作，其可预防膝部外围发炎（髂胫束摩擦综合征）所造成的疼痛。

做法：身体直立，双脚打开与髋部同宽。将一脚跨过另一脚同时再将对侧的手臂高举过头以维持平衡。换边再重复这一动作。

6. 股四头肌拉伸

此动作的目的是拉伸大腿的股四头肌与增加膝关节的柔软度，是一个相对简单的拉伸动作，适用于任何腿部训练之后。

做法：

（1）站立并背对于板凳或与板凳等高的稳定的支撑物，单腿屈膝并将脚置于支撑物上，保持身体直立和抬头。

（2）慢慢弯曲支撑脚的膝关节，身体下放直到对侧大腿感到被拉伸。

（3）支撑脚小腿用力将身体推起，回到起始姿势。重复拉伸另一腿。

7. 腿后肌拉伸

这是个简单的拉伸动作，可以拉伸大腿后侧所有的肌群，同时放松紧绷的肌肉，减轻下背部的压力。缓慢地拉伸并且避免在肌肉完全拉伸时的弹震。

做法：平躺于地面，并伸直双腿。将左膝弯曲，并慢慢拉向胸口，直到肌肉有被拉伸的感觉。保持后脑勺与地面接触。放松，然后回到起始位置，换边进行。

8. 内收肌群拉伸

这个拉伸动作可以拉伸内收短肌，而且，这个动作也较容易执行并可以随处进行。

做法：坐姿（坐于地板上），屈膝将两脚掌相对并靠近身体，双手握紧脚掌确保其紧紧相对。将双膝缓慢地向地板靠近，当达到极限时，维持姿势几秒钟，然后回到起始位置。

9. 小腿拉伸

在需要急速移动的跑酷运动中，紧绷的小腿肌肉会有较高的受伤风险。跑酷后，一定要做此拉伸，避免小腿肌肉紧绷。

做法：站于墙前约一大步的位置，手推墙壁，双脚站立与髋同宽。将左腿向前跨呈屈膝姿势，并维持左膝盖在左脚的正上方，勿歪向一边，感觉右小腿肌群被拉伸到，换边进行左小腿的拉伸。

练习题

1. 跑酷运动前一般应采取哪些准备措施？
2. 跑酷运动后一般应做哪些拉伸放松活动？

第四章

跑酷比赛的组织安排

学习目标

通过本章学习，了解跑酷比赛的一般组织工作流程，掌握跑酷比赛竞赛规程的制定和竞赛方法。

经常举办跑酷比赛具有广泛的社会意义，这不但有利于扩大跑酷参与者的数量，提高跑酷运动水平，增加跑酷运动的知名度，而且有利于跑酷比赛器材的生产与更新，丰富人民群众的业余文化生活。

不同形式的比赛有不同的组织办法，应根据比赛目标、参与人数、经费等有计划地开展这一活动。

本章介绍的是一种“群众性跑酷比赛”，其特点是内容丰富、形式简便、变化多样。它面向社会大众，适合各种水平的跑酷爱好者参加。

一、制定竞赛规程

竞赛规程是比赛的指导性文件，所有的参赛单位和个人都必须遵守。制定竞赛规程时，既要注意使比赛顺利进行，又要避免比赛影响正常的学习和工作。规程草案议定后，一般应先征求各参赛单位的意见，经修改后，再由主办单位批准，于赛前1～3个月下达各参赛单位。

（一）目的和任务

目的和任务通常有以下几个：

（1）为检查教学效果而举行的比赛。

（2）为开展群众性体育活动、交流跑酷动作经验、增进友谊而举行的比赛。

（3）为提高跑酷水平而举行的比赛。

（二）比赛的时间

比赛时间的确定，应注意尽可能不影响参赛者的学习和工作，同时又能有更多的观众。确定比赛时间还必须注意天气的变化，下雨时如何处理，须有明确的安排，以免造成混乱。

（三）比赛的场地

比赛场地一般根据比赛内容来确定。例如，技巧赛的场地一般长 10～15 米，宽 8～12 米，跑酷障碍在场地内均匀摆放；竞速赛的场地一般相对技巧赛较长，为 15～25 米，宽 2～3 米，跑酷障碍一般呈长条状摆放，如果长度不够可以采用折返的方式。当场地受限时，也可以通过跑酷障碍在相同场地的不同摆放来适应比赛内容。总体障碍的数量一般为 10～15 个，障碍类型较多，高度为 1～2 米。

（四）比赛的内容

跑酷比赛的内容丰富多样，有技巧赛、竞速赛、捕捉赛、大招赛、动作单项赛等，可根据比赛目的与参赛人数等因素合理选择比赛内容，以下部分比赛内容规则引用了《中国跑酷联赛竞赛规则》。

1. 技巧赛

参赛运动员一人一组，依次比赛，在规定时间内自行组织跑酷路线，在比赛场地完成个人跑酷动作，比赛时间一般为 60 秒，由裁判从动作流畅度、创意度、难度 3 个方面进行打分，分为预赛和决赛，预赛分数前八名的运动员进入决赛。

规则：

(1) 运动员在比赛前 5 分钟应在等待区准备，若出发时运动员未能按时出发，视为一次出发违例，记为“迟到违例”，警告一次，将其排在该组别最后一名出发。

(2) 比赛开始前运动员可自行选择出发位置，准备好后，向裁判示意开始比赛。

(3) 运动员可以自行安排行进路线，但不可出界。

(4) 比赛时间为 60 秒，时间不足者，裁判将酌情扣分。

(5) 比赛得分（满分 100 分）由 3 个部分组成，分别为动作流畅度得分（满分 30 分）、创意度得分（满分 30 分）和难度得分（满分 40 分）。

(6) 动作流畅度得分满分为 30 分，从 3 个方面决定最终得分：动作连续性、动作组合多样性及动作组合完成度。动作拖沓、磕绊或摔跤，动作组合单一、不连贯，动作组合完成度低者，裁判将酌情扣分。

(7) 创意度得分满分为 30 分，从 3 个方面决定最终得分：动作表现力、场地利用率及创新类动作。动作单一、简单，场地及道具利用率低，比赛整体节奏不流畅者，裁判将酌情扣分。展示创新性动作者，裁判将酌情加分。

（8）难度得分满分为40分，从两个方面决定最终得分：动作难度系数、动作完成度。动作难度系数决定动作得分上限，动作完成度决定动作最终得分。

（9）成绩平均值取整数。如整数位成绩相同，比较小数位成绩进行排名。若冠军、亚军或季军成绩小数位及整数位成绩皆相同，则进入加时赛。

2．竞速赛

比赛设置起点与终点，参赛运动员在起点准备好后向裁判举手示意，开始比赛后越过规定障碍物到达终点，分为预赛与决赛，用时短的前八名运动员进入决赛。

规则：

（1）运动员在比赛前5分钟应在等待区准备，若运动员未能按时出发，视为一次出发违例，记为“迟到违例”，警告一次，并将其排在该组别最后一名出发，若再次迟到或出发违例，视为违规，取消比赛资格。

（2）运动员第一次出发后，如在到达第一个障碍物之前摔倒，可举手向裁判示意，申请重新出发。出发顺序应排在该组别最后一名出发。因迟到、违例或重新出发的运动员第二次出发时不得再次申请重新出发。

（3）发令裁判在下达“运动员上道”口令后，运动员应尽快到起点白线后进行准备，如2分钟内未能准备就绪，视为一次出发违例，记为“迟到违例”，警告一次，并将其排在该组次最后一名出发，若再次迟到或出发违例，视为违规，取消比赛资格。

（4）发令裁判在下达“运动员预备”口令后，可在1～4秒随机时间下达“跑”口令或吹哨。如在裁判下达“运动员预备”口令后，运动员如有问题可以举手示意，每名运动员有一次机会，问题解决后，运动员归位重新出发。

（5）发令裁判在下达“运动员预备”口令后，运动员双脚不得离地。如有违反，视为一次出发违例，记为“非静态起跑违例”警告一次，并重新出发。运动员起跑前允许躯干摆动。

（6）发令裁判在下达发“跑”口令或发出信号之前，运动员身体任何部分不得超出起点线的垂直面。如有违反，视为一次出发违例，记为“抢跑违例”，警告一次，并重新出发。

（7）每名运动员每组只有一次重新出发机会。

（8）运动员在比赛中应沿规定跑道，在规定区域内完成比赛。在比赛过程中，运动员任何部位不得超出自身赛道两条边线垂直面。如有违反，裁判可视情况，判处警告、记为“出界违例”或“违规”。

（9）运动员到达折返点时，脚应明显超过折返线，手应触击折返点标识。若两项中一项未达到要求，则罚时 5 秒。若两项均未达到要求，则视为未抵达折返点，成绩无效。不得重新出发。

（10）运动员在比赛中应沿规定跑道，从预设障碍物（除特殊障碍物外）的正上或正下方通过，不得从障碍物两边绕过。如有违反，视为“违规”，记为“逃避障碍物违规”。成绩无效。

（11）运动员在比赛中不能破坏障碍物。如有违反，视为“严重违规”，记为“毁坏障碍物违规”。成绩无效。

（12）因个人原因未能完成比赛的，记为“未完成比赛”，无最终成绩。

（13）运动员到达终点时，身体（包括头、颈、臂、腿、手或足）抵达终点线垂直面，则视为完成比赛，并由计时裁判记录完成时间。

（14）最终以决赛计时成绩排序定名次。

3. 捕捉赛

在规定的场地和时间内，捕者若捕捉到跑者，视为捕者胜；反之，在规定时间内捕者未能捕捉到跑者，视为跑者胜。一般通过淘汰赛进行，淘汰赛的分组可以参考竞速赛的成绩来确定，即将种子选手分到不同的半区，比赛开始前捕者和跑者通过抽签确定。

规则：

（1）一局比赛标准时间为 20 秒。裁判可视运动员及赛道实际情况，以维持公平为原则，适当少量加减比赛时间。比赛时间调整必须在一大组比赛完成后，下一大组开始前完成（如 1/8 决赛后，1/4 决赛前），并在下一大组比赛开始前通知到每名运动员，当运动员得知比赛时间后，再进行先捕先跑的选择。

（2）在规定时间内，捕者若捕捉到跑者，视为捕者胜；反之，在规定时间内捕者未能捕捉到跑者，视为跑者胜。

（3）捕捉的定义：捕者任意一只手或两只手，接触到跑者身体的任意部位（不包括触碰到飘浮的衣物、系带等），无论接触时间的长短，都视为捕者胜。

（4）捕者应主动控制捕捉力度，捕捉时避开跑者要害部位。故意绊、踢、打或摔跑者属于犯规行为，过于用力接触者将被视为“恶意犯规”，裁判有权视情况给予处罚。

（5）跑者运动员在被捕捉后应及时停止动作。

（6）跑者行进路线不得重复绕圈。跑者在比赛中的行进路线沿同一闭合圆周路径行进最多一圈，否则视为犯规。若有犯规，则由裁判宣布停止比赛，警告跑者，并重新比赛。两次犯规视为捕者胜。

(7) 若捕者或跑者一方由于失误摔倒，不得暂停比赛。若不能继续比赛，则视为对方自动晋级。

(8) 运动员在比赛中不得破坏障碍物，不得移动障碍物以阻碍对方行进，如有违反，视为“严重违规”，记为“毁坏障碍物违规”。裁判将视情况予以处罚。

(9) 双方运动员不得越出规定场地。若犯规，则视为对方本场比赛获胜。

4. 大招赛

每名运动员可以选择场地内的不同区域，依次展示一个或一组高难度动作，由3名裁判打分。每名裁判最高分为10分，选手总分最高30分。选手排名按最终得分，由高到低依次排列。

规则：

(1) 运动员出发顺序依据报名顺序，依次登场展示。

(2) 每名运动员登场只能展示一个动作或由一两个连贯动作组成的一组动作。

(3) 每名运动员有两次机会，裁判会保留最高成绩为最终成绩。

5. 动作单项赛

动作单项赛一般根据某一跑酷动作的数量或者远度来比拼，是一项相对比较娱乐性的比赛项目，可选择的动作较多，可根据比赛时间、参赛选手水平选择1～3项，关于数量比赛的动作有30秒后空翻、1分钟反猫挂等，规定时间内完成数量多者为胜；关于远度比赛的动作有超远金刚、团身侧空翻飞远、金刚跳接猫挂飞远等，完成距离最远的选手为胜。

30秒后空翻：计时开始后在规定区域内完成后空翻，下面放置垫子保护，30秒计时结束后统计后空翻的完成数量。要求空中向后团身、臀部不能着地或摔倒，否则无效。

1分钟反猫挂：两个跑酷三脚架之间的动作，高度为1.5～2米，下面放置垫子保护。计时开始后开始连续反猫挂，计时结束后统计完成数量。计时过程中不慎掉落计时随即结束，统计之前的完成数量。

超远金刚：选择高度为1.5米左右的正方体障碍物，落地点放置垫子保护，在起跳点前助跑起跳完成长金刚跳动作，运动员第一轮开始的起跳点距离障碍物1.5米左右，每一轮每人两次试跳机会，然后逐渐增加远度，直至决出获胜者。

团身侧空翻飞远：设定起跳点与落地点，一般两点距离为 2 米左右，落地点放置垫子保护，在起跳点前助跑，起跳前完成团身侧空翻动作，距离超过落地点即为成功，每一轮每人两次试跳机会，然后逐渐增加远度，直至决出获胜者。

金刚跳接猫挂飞远：在一个高为 1.5 米左右的长方体障碍物上完成金刚跳动作，腾空后在高为 1.5 米左右的障碍物上完成猫挂动作。两个障碍物间的初始距离为 1.5 米左右，每人两次试跳机会，然后逐渐增加两个障碍物间的距离，直至决出胜者。

规则：

(1) 抽签决定比赛出场顺序。

(2) 完成的动作必须是规定的动作，若动作错误则取消成绩。

(3) 关于动作的数量，计时结束一刻如果在空中还未完成动作，则此次动作不计入总数量，如若两人成绩相等，裁判可以根据动作的整体完成质量确定名次。

(4) 关于动作的远度，如果继续增加远度试跳均失败，则在成绩相等的远度上，试跳次数少者为胜，如果试跳次数相同，则裁判根据动作质量定名次。

（五）参赛分组

根据报名参赛人数水平或者年龄组成确定，可以根据跑酷水平分为专业组与大众组，也可以根据年龄分为少儿组、青少年组、成人组。

（六）确定比赛顺序

确定比赛顺序的方法有抽签、安排和抽签与安排相结合 3 种方式，一般根据比赛内容而定，为了保证运动员能够适应场地和安排练习，一般在比赛的 5～7 天确定运动员的出场顺序。

（七）奖励及名次

(1) 技巧赛、竞速赛、捕捉赛前三名颁奖。

(2) 大招赛、动作单项赛第一名颁奖。

(3) 若参与人数较多，可以适当扩大颁奖范围，一般不超过参赛总人数的 1/4～1/3。

二、召开工作会议

赛前由主办单位的负责人、参赛单位的领队和总裁判长组成竞赛委员会，由竞赛委员会负责召开领队等有关方面联席会议。会议的主要内容如下。

(1) 对比赛场地及设备等情况进行汇报。

(2) 解释竞赛规程和评分规则等方面的有关问题。

（3）确定比赛顺序。

（4）安排使用场地。

（5）讨论和解决有关比赛的问题。

三、印发秩序册

秩序册是比赛的主要文件。在确定比赛顺序之后，应尽快印发秩序册。秩序册的主要内容包括竞赛规程、组委会、竞委会、参赛单位、竞赛活动的日程安排、比赛的顺序、场地试用安排、裁判的学习日程等。

四、组织裁判学习

（1）学习竞赛规程及评分规则。

（2）观察运动员的练习及试评。

五、做好试用场地、器材等的准备工作

（1）主办单位要与参赛单位协作配合，完成画场地、安放跑酷道具以及安置音响、屏幕设备等准备工作。

（2）做适应性练习时，要有人统一指挥。严格按规定执行各队试用场地的时间和次数。

（3）要保证裁判能运用评分工具进行试评。

六、比赛

（1）指挥，为保证比赛的顺利进行，主办单位与裁判组工作要协调配合，统一指挥，使各队的进退场快而不忙，紧而不乱。

（2）宣布成绩。

（3）处理问题，比赛中如果出现某些问题和矛盾，应迅速报竞赛委员会，以便能及时解决。

七、颁奖

比赛结束应当及时当众颁奖，这不仅表现了主办者的组织能力，也反映了裁判工作的公正态度。当众颁奖需要总记录处的高效工作，能及时正确地计算出成绩。颁奖仪式应热烈而有条不紊，事先进行周密的安排，以达到最好的颁奖效果。

练习题

1. 跑酷比赛的组织工作一般包括哪些方面?
2. 跑酷比赛竞赛规程主要有哪些内容?
3. 试编制一份跑酷比赛的秩序册。

第五章

跑酷基本动作教学

学习目标

通过本章学习，了解跑酷动作的基本分类及各类动作的基本内容；掌握各类具体动作的动作做法、动作要领、辅助练习、保护帮助、常见错误动作纠正、动作进阶、动作价值等。

跑酷的基本动作一般可分为四大类：爬行类、落地类、起跳支撑类及稳定类，大家在刚开始练习时不必根据顺序依次练习，可以在每个类别里挑选一些比较简单的动作进行入门练习。同时，跑酷中每一个动作其实都是可以融会贯通的，你也许会在练习时卡在某一个动作上，那么完全可以暂时跳过它，先去练习其他的动作，然后在巩固较为熟练动作的基础上，慢慢去突破不太熟悉的动作。

一、爬行类动作

由于现代人大部分会久坐与长期站立，下肢和脊柱需要承受较大的负荷，而跑酷中的爬行类动作可将全身重量分散到四肢，以减轻身体各部位尤其是腰椎的负荷，故对腰肌劳损以及多种颈、肩、脊柱病有一定缓解作用。并且，爬行时由于心脏及其以上部位位置降低，有利于全身的血液循环，对防治心血管疾病有积极作用，爬行类动作本身还可以锻炼手脚的协调能力。

如果你是第一次接触爬行类动作，在练习前务必充分活动上肢关节，尤其是腕关节的屈伸幅度。因为在日常生活中，腕关节所承受的压力并不大，而爬行时腕关节需要承受较大的压力，如果动作不规范就容易造成手腕损伤。这里有一个预防腕关节损伤的小技巧，就是在爬行过程中肩膀尽量不要超过手腕（或者不要超过手腕太多），倘若超过手腕太多，两臂就无法提供有效的支撑，导致力量全部压在手腕上，同时练习前后也要充分拉伸一下腕关节。

（一）毛毛虫爬

1. 动作步骤

双脚站立，两手放在身体前方地面上，形成一个站立体前屈的姿势，在双腿不弯曲的基础上双手伸直向前缓慢爬行，爬行到最大幅度后，以双手为支点，双脚缓慢靠近双手，接近到最大程度后开始下一轮爬行（图 5－1）。

图 5-1　毛毛虫爬

2. 注意事项

刚开始练习时可能移动的距离并不多，但是没关系，只要在爬行过程中注意手臂和双腿不要弯曲即可，练习较长一段时间后你就可以下意识地将两臂尽量前伸，此时不仅可以拉伸到腹部肌肉，还可以拉伸到肩部的肌肉。

3. 动作要领

注意腹肌发力，用核心力量控制身体重心的转移。

4. 动作价值

这个动作可以最大程度地拉伸肩部肌肉和腹部肌肉，同时还可以锻炼腹肌和手脚协调能力。

5. 错误动作与纠正

错误：爬行过程中屈膝。

纠正：可以先试着做一下坐位体前屈，练习时有意识地绷紧双腿，双腿移动时注意是以髋关节为轴，膝关节是固定的。

（二）平地金刚

1. 动作步骤

蹲姿，两手在身体前方撑地，首先双手向身体正前方伸出，双脚略微蹬地，双手落地的同时双臂伸直，重心转移到双手上，以双手为支撑，臀部抬高，提膝收腹弓背，将双脚前提落于双手之间，然后开始下一轮（图 5－2）。

图 5-2　平地金刚

2. 注意事项

如果你觉得收腿有些困难，可以适当压低肩膀，抬高臀部，这样更有利于收腿，熟练掌握后双手适当向远伸出。

3．动作要领

双手落地时收腿要迅速，臀部适当抬高。

4．动作价值

这个动作可以锻炼手臂的支撑力以及为学习金刚上台和金刚跳做铺垫。

（三）侧猴子

1．动作步骤

准备姿势为蹲姿，两手在身体前方撑地，首先双手向身体一侧撑地，双手落地时双脚略微往上蹬地，将重心转移到双手上，臀部抬高，双脚落在双手一侧从而形成一个新的准备姿势，然后开始下一轮侧猴子（图 5－3）。

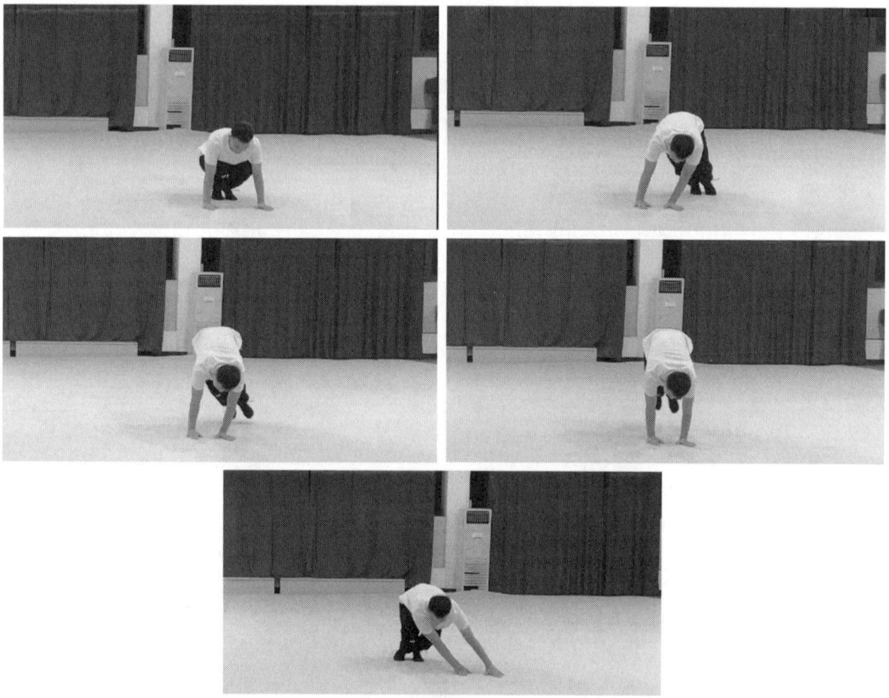

图 5-3　侧猴子

2．注意事项

这个动作其实类似一个侧向的平地金刚，不同之处是平地金刚需要向前收腿，这个动作是向身体一侧收腿，某种程度上比平地金刚更简单。

3．动作要领

熟练掌握这个动作后你可以体会到其实蹬地的力量并不需要很大，重要的是要控制好身体重心的转移。

4．动作价值

这个动作可以锻炼四肢侧向位移的能力，同时为学习侧金刚做铺垫。

（四）猫爬

猫爬可以说是最经典的跑酷爬行类动作，顾名思义就是像猫一样爬行，我们之所以把它放在爬行类动作的最后是因为初学者想要做一个标准的猫爬并不容易，需要前面一些爬行类动作作为铺垫。

1．动作步骤

准备姿势为双脚前后开立蹲下，两手前后撑地，前侧脚的手在后边，后侧脚的手在前边，躯干与地面保持平行，大腿与地面垂直，小腿与地面平行，异侧手脚同时向前移动，双眼目视前方（图 5－4）。

图 5-4　猫爬

2．注意事项

做猫爬这个动作时，注意脊柱尽量不要晃动，保持身体稳定。

3. 动作要领

注意移动时需要异侧手脚的支撑。

4. 练习步骤

(1) 平地上的猫爬。

(2) 在平地上画一条线，手和脚都要在这一条线上进行猫爬。

(3) 栏杆上的猫爬，注意刚开始练习时下面最好是草地或者软垫，或者选择比较矮的栏杆，否则会由于心理恐惧不敢向前爬行。

5. 动作价值

做猫爬动作时，基本上身体所有的肌肉都能参与进来，同时这个动作可以练习我们的平衡能力与稳定性。

6. 错误动作与纠正

错误：猫爬时身体晃动严重，特别是臀部。

纠正：出现这个情况大多是由于爬行时膝关节不自觉地蹬伸，导致身体失去平衡，因此练习时要注意膝关节角度固定，双脚贴着地面向前爬，稳定住重心。

二、落地类动作

落地也称受身，在跑酷运动中常用于减少落地负荷，预防身体损伤或者衔接其他动作。这里主要教两类落地方法，即基本落地和侧滚翻，在练习这两种落地时，刚开始练习时建议先找一块草地或者软垫练习，然后可以慢慢转移到在硬地上做这个动作。熟练掌握落地方法可以在后续练习其他跑酷动作时有效减少落地时的膝关节、踝关节负荷，避免运动损伤。

(一) 基本落地

基本落地是跑酷运动中最简单也是最实用的落地方法，它是一个借助四肢来缓冲身体的动作。

1. 动作步骤

首先你可以选择一个平腰部高度的台子，呈立定跳远姿势从台子上向远跳下，落地时前脚掌着地，重心稍前倾，两膝分开并微弯曲形成缓冲，同时双手迅速扶地帮助缓冲，目视前下方(图 5 - 5)。

2. 动作要领

要把握好屈膝缓冲与双手落地的时机，重心前倾时以放手为宜。

3. 辅助练习

(1) 原地立定跳接基本落地，这个练习因为在平地上，所以练习者可以很好地

图 5-5　基本落地

体会到落地时身体四肢的缓冲，但是需要注意的是这个动作不需要立定跳远时的伸腿，双脚落地时不要前伸太多，这样更有利于做出基本落地动作。

（2）高处的基本落地，一开始练习时最好选择草地，有条件的话可以放一块软垫，熟练掌握后再转移到较硬的地面上做这个动作。

4. 保护与帮助

保护与帮助者站在练习者的前方，落地时用一手扶练习者肩部，防止练习者前倾过多而倒地，另一手扶练习者腰部，帮助练习者稳固重心。

5. 错误动作与纠正

错误：基本落地后臀部过高。

纠正：出现这种情况的原因是重心前压，练习时要注意肩膀的高度不要低于臀部。

6. 动作进阶

基本落地可以接一些地面上的动作，如基本落地接侧猴子（注意此时放手时双手要稍微侧一点），基本落地接侧滚翻或者前滚翻（接滚翻类动作时，肩膀要适当压低一点）。当你练习这些动作时，要注意这些动作的根本目的还是帮助身体缓冲，因此两个动作之间不要中断，前一个动作的结束就意味着下一个动作的开始。

（二）侧滚翻

侧滚翻是跑酷中最常用的滚翻动作，当落地后身体前倾过多要跌倒时，侧滚翻是非常合适的一个缓冲动作。

1. 动作步骤

蹲姿，双手前撑，身体稍前倾同时双脚向后下方蹬地，屈臂、低头、提臀，以右肩先着地的侧滚翻为例，屈臂时右肩向身体正前方探出，使右肩先接触地面，然后迅速过渡到背部、臀部，背部着地时，收腹屈膝，上体紧跟大腿团身抱腿呈蹲立（图5-6）。

图 5-6　侧滚翻

2. 动作要领

身体接触地面的部位是从右肩到左腰的一条线。

3. 辅助练习

找到有一定的坡度的垫子，从高到低做侧滚翻，要求腿先蹬地后屈臂再低头。

4. 保护与帮助

保护与帮助者站在单膝跪立的练习者的前侧方，当练习者开始滚动时，一手扶练习者背部，另一手顺势帮助练习者翻臀完成侧滚翻。

5. 错误动作与纠正

错误：侧滚翻转动肩膀过多。

纠正：出现这个错误的原因是没有蹬地而直接转肩膀，导致身体扭动幅度过大，此时可以先练习前滚翻，体会双脚的蹬地，注意一定要向前蹬地，然后逐渐找到右肩先着地的感觉。

6. 动作进阶

从高处下落时接侧滚翻，注意落地屈膝缓冲的同时就要开始侧滚翻动作（图5－7）。

图 5-7　落地接侧滚翻

三、起跳支撑类动作

这类动作有一部分属于过障碍类动作，如金刚跳、懒人跳、侧跨等，也有一部分属于动力性或静力性的支撑动作，并没有越过障碍，如夹墙、猫扑、转台等，这些动作大都分为助跑、起跳、腾空、支撑、落地 5 个部分，因此我将它们归类为起跳支撑类动作，注意虽然有支撑步骤，但支撑只是腾空后一瞬间的过程，最重要的还是通过支撑使身体越过障碍物。这些动作是跑酷中最基本也是最常用的动作，它不仅可以有效锻炼我们身体的协调能力，还可以大大提高我们面对危险时的逃生能力。

（一）起跳

起跳是助跑后衔接腾空的一种方式，它可以把水平速度转化为向前上方跳起的动力。对于金刚跳、反身跳等过障碍动作，以及后面的前空翻和团身侧空翻，都需要熟练掌握起跳。有效的起跳方式不仅可以提高腾空的高度，翻越更高的障碍物，还可以使你的动作显得更加行云流水。

跑酷中的起跳根据不同的动作可以分为撩腿起跳和垫步起跳，撩腿起跳一般应用于侧跨、懒人跳、屁蹲等动作，垫步起跳一般应用于金刚跳、反身跳、转墙、前空翻等动作。

1. 撩腿起跳

撩腿起跳较为简单，可以很好地衔接助跑动作，即通过一腿蹬地，另一腿上撩来提高身体重心，注意蹬地腿蹬伸充分，另一腿向前上方撩起(图 5-8)。

图 5-8　撩腿起跳

2. 垫步起跳

垫步起跳分为双脚起跳与单脚起跳，新手建议先学习双脚起跳，因为这种起跳方式较为容易掌握，同时起跳后的高度更高。

(1) 双脚起跳：这里主要叙述起跳前的后两步，第一步为单脚蹬地，第二步为双脚同时落地，即单起双落。这里以第一步为左脚为例，左脚迈出的距离就是正常助跑的距离，左脚着地后右脚作为摆动腿前摆，双臂后引，同时左脚与摆动腿并拢，双脚同时落地后双臂上引，向前上方跃起。刚开始练习时可以先练习脚上的动作，脚上的动作熟练掌握后再加上双臂的动作（图 5－9）。

图 5-9　双脚起跳

（2）单脚起跳：与双脚起跳的不同之处就是右腿向前一步后，空中不并腿，右腿屈膝，左脚快速跟上放置于右脚稍前的位置，起跳时左腿蹬地起跳，右腿向后上方摆动提高身体重心（图 5－10）。

（二）侧跨

1. 动作步骤

身体正对障碍物，撩腿起跳，以右脚起跳为例，右脚蹬地，左腿屈膝上抬，搭在障碍物偏左侧，同时右手撑到障碍物偏右侧，形成异侧手脚的支撑，异侧手脚支撑

图 5-10　单脚起跳

的间距比肩宽，上体向右倾斜，收右腿跨过障碍物，右脚快要落地时支撑手脚收回，左脚顺势向前迈出（图 5－11）。

2. 动作要领

起跳要有力，跃起后身体向一侧倾斜，迅速形成异侧手脚的支撑动作。

3. 辅助练习

（1）原地蹲下后，异侧手脚形成支撑（左脚右手为例），同时右腿屈膝在身体下方做前后的摆动练习，体会形成支撑后的穿腿动作。

（2）面对障碍物，异侧手脚先搭在障碍物上，右脚蹬地后放置于两个支撑点中间，然后右腿迈下障碍物，同时支撑手脚离开障碍物。

图 5-11　侧跨

(3) 完成练习。

4. 保护与帮助

保护与帮助者站在障碍物的一侧,当练习者形成支撑动作后,一手扶练习者肩部防止其后倒,另一手顺势推练习者背部帮助其越过障碍物。

5. 错误动作与纠正

错误:侧跨完成后身体向右侧转动。

纠正:出现这个错误的原因是支撑手离开障碍物较晚,导致右手“粘”在障碍物上,练习时注意支撑的手在落地前推离障碍物,重心稍前倾。

6. 动作进阶

(1) 设定起跳点，助跑后右脚先蹬地腾空，空中接近障碍物时再做侧跨动作。

(2) 侧跃：即右腿蹬地后屈膝向前上方摆动，仅用右手支撑，左脚腾空，落地时右脚先着地(图 5-12)。

图 5-12　侧跃

(三) 夹墙

1. 动作步骤

这是一个相对简单的上墙动作，正对障碍物直线助跑，撩腿起跳，以左脚起跳为例，起跳后右腿屈膝上抬，右脚落在障碍物上形成支撑，身体重心稍前倾防止后仰，然后迅速收左腿完成上台(图 5-13)。

图 5-13　夹墙

2. 动作要领

尽量往上跳，水平的助跑会提供向前的动力。

3. 辅助练习

(1) 无障碍物的平地练习，起跳后右脚尽量上抬，左腿自然下垂，体会通过左腿的提膝将身体重心抬高。

(2) 助跑完成完整练习。

4. 保护与帮助

保护与帮助者站在障碍物的一侧，一手扶练习者肩部，另一手扶练习者腰部防止其后倒。

（四）懒人跳

1. 动作步骤

身体侧对障碍物助跑，撩腿起跳，以左腿起跳为例，左脚蹬地起跳后右腿上摆提高身体重心，同时右手撑在障碍物上，右腿高于障碍物后，以右手为支撑点，左腿顺势撩起，当身体马上越过障碍物时，左手撑住障碍物将身体向前送（此时身体重心在双手上），接下来双手自然推离障碍物，前后脚依次落地，落地后依然侧对障碍物（图 5－14）。

图 5-14　懒人跳

2. 动作要领

注意右手撑住障碍物后，左手要迅速和右手形成支撑，将身体推离。

3. 辅助练习

（1）侧对障碍物，右手支撑原地撩腿练习，体会运用蹬地和撩腿把身体重心提高。

（2）侧对障碍物撩腿坐在障碍物上的练习。

（3）助跑起跳完成完整练习。

4. 保护与帮助

保护与帮助者站在练习者起跳的一侧，一手扶练习者肩部防止其后倾，另一手推练习者腰部帮助其完成送髋。

5. 错误动作与纠正

错误：过障碍物后身体后倒。

纠正：此时要注意双手有没有形成有效的支撑点，倘若没有进行支撑而是直接越过，就会出现这种情况。

6. 动作进阶

懒人跳并腿落地，同时转体 90°，即完成动作后背对障碍物，做这个动作时要注意空中并腿，同时双脚的高度高于臀部，快要落地时双手推离，空中有一个顶髋的姿势再落地（图 5－15）。

图 5-15　懒人跳并腿落地

（五）侧金刚

1. 动作步骤

侧对障碍物斜线助跑，垫步起跳，起跳后双手前伸扶在障碍物上，双手形成支撑点，梗头含胸、肩膀稍下压，同时提臀收腿，膝盖向胸口靠拢，落在障碍物另一侧，落地时双腿屈膝缓冲（图 5－16）。

图 5-16　侧金刚

2. 动作要领

双脚起跳后要注意重心稍前倾，双手支撑稳定。

3. 辅助练习

(1) 平地的侧猴子练习，体会手的支撑与收腿。

(2) 侧对障碍物，双手扶住，先蹬地提臀上障碍物，然后双手不动，双脚再下来。

(3) 助跑起跳完成完整练习。

4. 保护与帮助

保护与帮助者站在练习者落地的一侧，当练习者起跳后，一手扶练习者肩部防止其前倾，另一手扶练习者腰部。

5. 错误动作与纠正

错误:侧金刚手的支撑时间过长,动作偏慢。

纠正:注意肩膀前压,蹬地有力,收腿迅速。

6. 动作进阶

侧金刚接侧滚翻,即落地后通过侧滚翻做一个缓冲(图 5 - 17)。

图 5-17 侧金刚接侧滚翻

(六) 金刚跳

1. 动作步骤

正对障碍物,直线助跑,垫步起跳,起跳时双臂由后向前甩,腾空后双手扶在障碍物上,肩膀稍低,提臀收腿,重心稍前倾,越过障碍物后双脚前伸,落地时屈膝缓冲(图 5 - 18)。

图 5-18　金刚跳

2. 动作要领

起跳点距离障碍物 1 米左右，先腾空再放手。

3. 辅助练习

（1）平地金刚练习：体会手的支撑与收腿。

（2）支撑上台（金刚上台）+支撑下台（金刚下台），即双手撑住障碍物后再收腿蹲在台上，下台时双手扶住台边，再收腿下台。做支撑下台时，注意肩膀前压，收腿迅速，收腿后身体整个重心离开障碍物。

（3）助跑起跳完成完整练习。

4. 保护与帮助

保护与帮助者站在练习者通过障碍物的一侧，当练习者起跳后，一手扶练习者肩部，另一手扶练习者腰部帮其越过障碍物。

5. 错误动作与纠正

错误：金刚跳动作后身体后仰。

纠正：收腿要快，收腿后要有一个推离障碍物的感觉，可以多练习一下金刚下台。

6. 动作进阶

（1）长金刚：可以比金刚跳飞跃更长的距离，练习时注意要加长助跑距离，身体向斜上方跃起，腾空阶段身体拉长与地面平行或者臀部稍高于肩膀，双臂迅速前摆拉开肩角，含胸，双眼目视前方，双手支撑后迅速收腿。刚开始练习时注意起跳点要离障碍物稍远，体会腾空的感觉，熟练掌握后慢慢过渡到较长的障碍物上（图 5-19）。

图 5-19　长金刚

（2）双金刚：常应用于两个间距较小的障碍物或者一个较长的障碍物，这个动作有两次支撑，助跑起跳时身体距离障碍物较近，第一次支撑时双手撑在障碍物的近端（或者第一个障碍物），屈膝收腿的同时肩膀下压，臀部高于头，之后双手向障碍物的远端支撑（或者第二个障碍物），支撑的同时由收腿转变为伸腿，此时类似一个倾斜 45°的倒立姿势，然后快速收腿落地（图 5 - 20）。

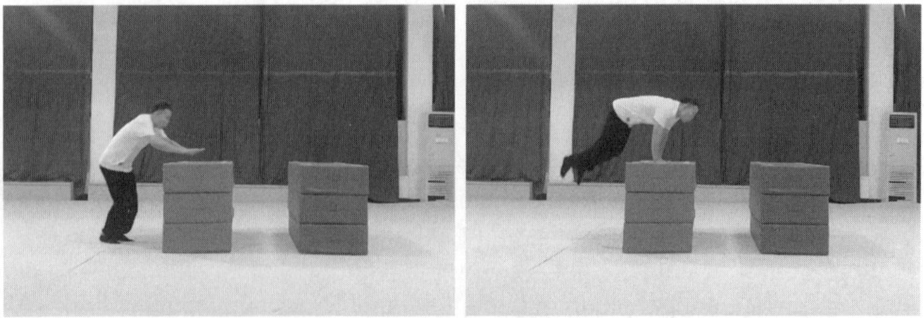

图 5-20　双金刚

（七）反身跳

1. 动作步骤

直线助跑，起跳时侧对障碍物，垫步起跳，起跳时双脚向斜上方蹬地，同时两手依次放到障碍物上形成支撑，支撑的同时屈膝收腿，膝盖向胸口靠拢，紧接着以头带转，身体大约转了 180°，眼睛目视落地的区域，身体越过障碍物后推手落地，屈膝缓冲(图 5－21)。

图 5-21　反身跳

2. 动作要领

起跳后注意要先转头，收腿速度越快，身体转动的速度越快。

3. 辅助练习

(1) 平地练习放手后的收腿，注意收腿要迅速，双膝向胸口靠拢。

(2) 反身跳先跳上障碍物停住，再转身落地，体会落地时的推手。

(3) 助跑完成完整练习。

4. 保护与帮助

保护与帮助者站在障碍物的一侧，当练习者双手支撑后开始转身时，一手扶练习者肩部，另一手托练习者腰部顺势帮助其翻转。

5. 错误动作与纠正

错误：反身跳转身不充分，无法越过障碍物。

纠正：练习时加长助跑距离，起跳有力，找到双臂把身体顶起来的感觉，收腿迅速。

6. 动作进阶

单手的反身跳：动作流程和反身跳一样，放手时只放右手(身体向左转的情况下)，右手手掌朝向自己，蹬地起跳要更加有力，含胸转头收腿，左肩可以向转动的方向摆动加快转速(图 5-22)。

图 5-22　单手反身跳

（八）屁蹲跳

1. 动作步骤

面对障碍物直线助跑，起跳方式为撩腿起跳，以右腿起跳为例，起跳后左腿上撩，含胸梗头，目视前方，双手自然下垂，腾空后双腿并拢同时屈膝收腿，整个身体此时高于障碍物，双手在臀部两侧形成支撑，然后伸腿，双手将身体推离障碍物，落地时屈膝缓冲(图 5－23)。

图 5-23　屁蹲跳

2. 动作要领

双手支撑时双臂伸直，找到身体由双手顶出去的感觉。

3. 辅助练习

(1) 找一个较长的软包,起跳后直接臀部坐在软包上,练习几次之后尝试用手放在臀部下方,体会双手的支撑。

(2) 坐在障碍物上,收腿的同时用双手推离障碍物,要求双腿向斜上方伸出,体会形成支撑后的送髋。

(3) 助跑完成完整练习。

4. 保护与帮助

保护与帮助者站在障碍物的一侧,练习者越过的同时一手扶练习者大腿帮助其收腿,另一手扶练习者肩部,防止练习者后倒。

5. 错误动作与纠正

错误:直接跳过障碍物,双手没有支撑导致重心后仰。

纠正:起跳后双脚尽量往高抬起,臀部在最下边,双手在臀部稍前方形成支撑。

(九) 转台

1. 动作步骤

以身体向左转为例,身体正对障碍物,双手先扶在障碍物上并且手掌稍左转,膝盖微曲,蹬地起跳后含胸低头,肩膀压低,头部向左扭动,双眼看自己的起跳点,团身收腿的同时抬高臀部,此时身体整个重心在障碍物的外侧,转动的过程中自然松开右手,然后以左手为支撑继续转动,转动约 180°后落地(图 5-24)。

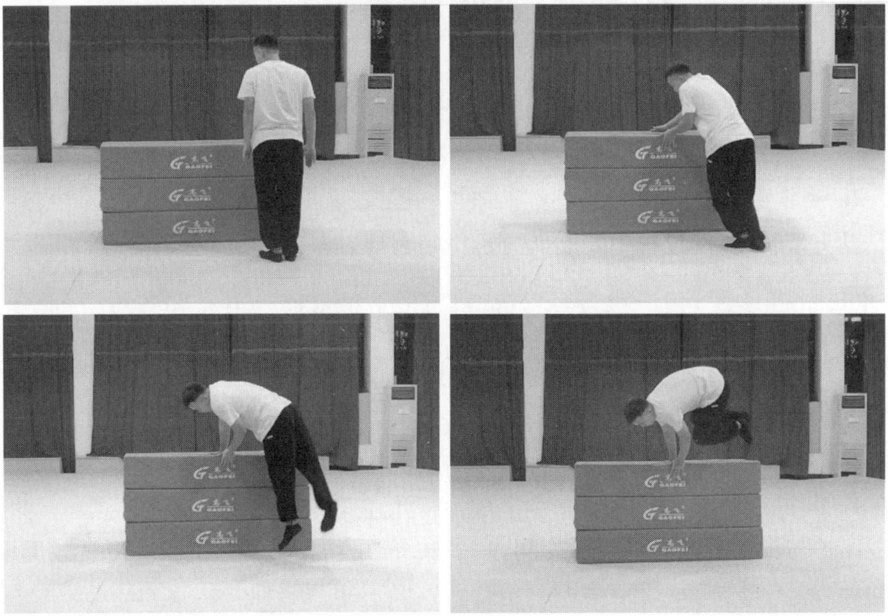

图 5-24　转台

2. 动作要领

以头带转，转动过程中要压低肩膀抬高臀部。

3. 辅助练习

（1）先转动 90°蹲到障碍物上，然后以双手为支撑继续转动 90°下台。

（2）在障碍物的直角边缘练习，左手扶角，此时可以先转 90°落到障碍物一侧，然后逐渐转够 180°。

（3）完成完整练习。

4. 保护与帮助

保护与帮助者站在练习者一侧，一手扶练习者肩部，另一手扶练习者腰部助其转动。

5. 错误动作与纠正

错误:起跳后转到台上,不敢落地。

纠正:出现这个情况是由于练习者不敢将自己的重心放在障碍物外边,注意起跳要有力,肩膀一定要积极下压,可以多练习一下转角(多练习辅助练习的第2个动作)。

(十) 转墙

1. 动作步骤

练习这个动作之前要熟练掌握转台动作,起跳方式为垫步起跳,以身体向左转为例,起跳的同时双手靠近身体前方的墙面形成支撑点(左手在下,右手在上,间距比肩稍宽),腾空后迅速向左侧扭头,团身收腿,整个转动过程的轴和支撑点都在左手上,转动过程中自然松开右手,落地时屈膝缓冲(图 5-25)。

图 5-25　转墙

2. 动作要领

转动过程中的动力主要来自收腿和扭头，收腿速度越快，转得越轻松。

3. 辅助练习

(1) 找一块垫子搭在障碍物上(或把踏板倾斜在墙面上)，形成倾斜 45°左右的墙面，一手扶地，另一手扶倾斜墙面转动，体会蹬地后的收腿。

(2) 在倾斜的墙面上助跑起跳练习，体会左手的支撑。

(3) 逐渐提高倾斜的角度，直至在完全垂直的墙面上完成练习。

4. 保护与帮助

保护与帮助者站在练习者转动的一侧，一手扶练习者肩部，另一手扶练习者臀部，助其完成转动。

5. 错误动作与纠正

错误：转动过程中收腿不充分。

纠正：适当提高两手的间距，注意一定要向上起跳，而不要为了完成转动刻意压低重心。

(十一) 猫扑

1. 动作步骤

做这个动作之前要学会猫挂(见后文稳定类动作)，正对墙面撩腿起跳，以左脚起跳为例，左脚蹬地后右腿屈膝上撩，双手上抬，腾空后含胸，双腿屈膝于身前，双脚前脚掌接触墙面后双手迅速挂在墙顶上，形成猫挂动作(图 5-26)。

图 5-26　猫扑

2. 动作要领

起跳时尽量往高跳，在空中形成一个抛物线，双脚接触墙面时注意屈膝缓冲。

3. 辅助练习

（1）猫挂（见后文稳定类动作）。

（2）一步距离的猫扑，体会前脚掌接触墙面时的屈膝缓冲。

（3）完成较远距离的完整练习。

4. 保护与帮助

保护与帮助者站在墙面的一侧，练习者跃起后保护与帮助者一手托其腰部，另一手扶其肩部防止其后倒。

5. 错误动作与纠正

错误：双手先接触墙顶后双脚再支撑。

纠正：起跳后注意将双腿屈膝置于身前，利用向前的速度将双手挂在墙顶上。

6. 动作进阶

反猫挂：两个墙面间的动作，间距以 1～2 步为宜，在一侧墙顶上先做猫挂动作，以向左转为例，两脚发力蹬离障碍物，两臂上拉提高身体重心，腾空后左腿迅速外转同时扭头带动身体转动 180°，先接触另一侧墙面的外转脚贴到障碍物上，另一脚立刻跟上，接一个猫扑的动作挂在另一侧墙面上。

（十二）反抓栏杆

1. 动作步骤

栏杆以平腰部高度为宜，以身体左转为例，正对栏杆，双手抓握，掌心向内，与肩同宽或比肩稍宽，双腿屈膝后迅速蹬地起跳，团身收腿，同时双臂撑住身体，扭头带动身体左转，腾空后右手自然松开，以左手为支撑点转身 180°到栏杆的另一侧，转动过程中右手松开后在左手的一侧抓住栏杆，双脚同时落地（图 5－27）。

图 5-27 反抓栏杆

2. 动作要领

起跳要有力且迅速，同时迅速转头团身，形成左手的支撑，此时整个身体重心在左手上。

3. 辅助练习

(1) 双手抓杆，蹬地后向正上方起跳，双手不用松开，体会蹬地和双手的支撑。

(2) 在较窄的跳箱上练习，体会蹬地以后的团身转动。

(3) 完成完整练习。

4. 保护与帮助

保护与帮助者站在练习者起跳的一侧，一手扶练习者肩部，另一手扶练习者腰部助其翻转。

5. 错误动作与纠正

错误:转动速度过慢。

纠正:起跳后注意臀部的位置,可以通过压低肩膀抬高臀部,而且团身要紧。

(十三) 荡杆

1. 动作步骤

垫步起跳,起跳后双臂上摆向斜上方握住单杠,随后收腹举腿,当身体经过单杠时,双腿向身体斜上方蹬出,顺势松手,落地时双脚同时落地,屈膝缓冲(图 5-28)。

图 5-28　荡杆

2. 动作要领

注意双腿蹬出时，以双手为支撑点，有一个顶髋的动作。

3. 辅助练习

(1) 起跳抓杆前摆练习。

(2) 在单杠下放一个标志物，落在标志物前，体会前摆时的顶髋动作。

(3) 完成完整练习。

4. 保护与帮助

保护与帮助者站在练习者单杠的前侧，当练习者抓杆后，保护与帮助者一手扶练习者肩部，另一手托练习者臀部，顺势将练习者向前送。

5. 错误动作与纠正

错误：过杆后髋部打不开，蹲落在地。

纠正：注意先收腿，再伸腿，伸腿时肩膀下垂，双腿向斜上方伸出。

6. 动作进阶

荡杆定点，即在单杠前方找一个目标点或者台阶，荡杆松手后屈膝，前脚掌落在目标点上，同时重心前倾防止后倒。

(十四) 金刚侧跨

1. 动作步骤

一个障碍物上的两个连续动作，练习者面对障碍物助跑，垫步起跳，起跳后双手放在障碍物前沿，做一个金刚跳动作，在障碍物上方腾空后保持收腿的姿势，接近障碍物后沿时，身体向右侧倾斜，同时形成左侧腿和右侧手的支撑，完成一个侧跨动作落地(图 5-29)。

图 5-29　金刚侧跨

2. 动作要领

完成金刚跳动作后，将身体向斜上方推出，收腿要迅速，方便衔接接下来的侧跨动作。

3. 辅助练习

(1) 金刚跳上台后形成蹲姿，然后将重心转移到异侧手脚上，完成一个侧跨下台的动作。

(2) 完成完整练习。

(十五) 金刚屁蹲

1. 动作步骤

一个障碍物上的两个连续动作，练习者面对障碍物助跑，垫步起跳，起跳后双手放在障碍物前沿，做一个金刚跳动作，腾空后身体重心稍后仰，含胸梗头，屈膝收腿，双手放在臀部稍前方形成支撑，伸腿的同时将身体推离障碍物(图 5－30)。

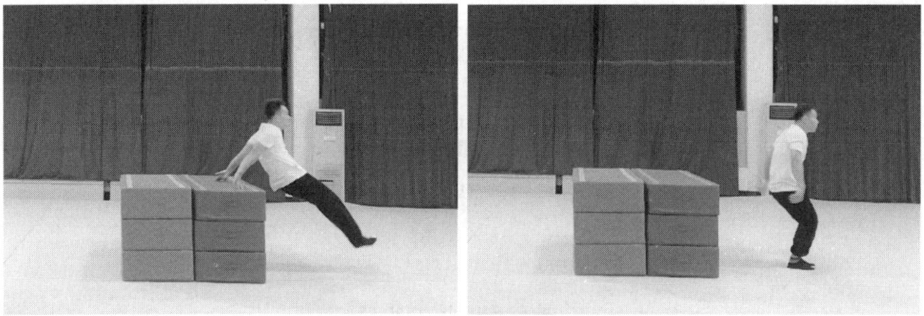

图 5-30　金刚屁蹲

2. 动作要领

金刚跳起跳点离障碍物较近，防止肩膀过于前倾，注意起跳后肩膀应在臀部上方，收腿要迅速。

3. 辅助练习

（1）找一个稍长的障碍物，上面铺上垫子，金刚跳后坐在障碍物上，多练习几次后将双手放在臀部下方，体会双手将身体顶出去的感觉。

（2）完成完整练习。

（十六）金刚猫挂

1. 动作步骤

需要一个障碍物和一个墙面来完成的动作，首先通过金刚跳越过第一个障碍物，身体腾空后通过屈膝收腿将双脚置于身前位置，在第二个障碍物上完成猫挂动作（图 5-31）。

图 5-31　金刚猫挂

2. 动作要领

注意此时金刚跳要向高处走，在身体下落时再去完成猫挂动作。

3. 辅助练习

(1) 金刚定点，体会金刚跳后的双脚前伸。

(2) 金刚猫挂到斜墙上。

(3) 完成完整练习。

四、稳定类动作

跑酷中有一些动作需要身体有良好的稳定能力，这些动作在开始或结束时需要练习者控制自身的平衡。下文主要介绍 3 个稳定类动作：定点跳、猫挂、倒立。

(一) 定点跳

1. 动作步骤

半蹲双手向后形成准备姿势，起跳时尽量向斜上方起跳，腾空后两手向斜上方摆臂，提高身体重心，空中收腿，膝盖往上提，腾空过程中双眼盯住落地点，快要落地时提前放腿，落地时前脚掌着地，同时屈膝缓冲呈半蹲，后脚跟微微抬起（图 5 - 32）。

图 5-32　定点跳

2. 动作要领

注意出腿的时机，落地后双手前伸维持身体平衡。

3. 动作进阶

定点跳可以应用到的基本动作中，一些基本动作腾空后，都可以衔接定点跳动作。例如，金刚定点、侧跨定点、懒人跳定点等，在障碍物前找一个台阶或者目标点，金刚定点时，金刚跳腾空后身体刚好是一个屈膝收腿的姿势，找准放腿的时机完成金刚定点。侧跨定点和懒人跳定点腾空后虽然没有收腿的阶段，不过腾空时可以看准目标点，双脚落在上面屈膝缓冲形成定点跳的结束阶段。这些动作都可以提高我们对身体的控制能力，注意的是定点跳对重心的把握要求很高，如金刚跳、侧跨等动作重心靠前，完成定点跳时要将重心稍后移（如蹲深一点或者肩膀稍后一点），而懒人跳动作的重心稍后，完成定点跳动作时要将重心稍前倾（如肩膀稍前倾），因此对重心的控制是完成定点跳动作的重要环节。

（二）猫挂

1. 动作步骤

双手手指扒住障碍物边沿，两臂伸直，一腿屈膝上抬，前脚掌踩在障碍物上，另一腿的小腿与墙面平行，膝盖自然微微分开，前脚掌与双手形成支撑点，刚开始时可以在倾斜的障碍物上练习，然后逐渐过渡到在垂直的障碍物上练习（图 5－33）。

图 5-33　猫挂

2. 动作要领

注意双臂放松，伸直拉住身体不让身体下落即可，刚开始练习时可以挂 10 秒左右，熟练掌握后逐渐增加猫挂的时间。

（三）倒立

1. 动作步骤

由站姿开始，两臂前上举，接着上体前屈，两手向前撑地（与肩同宽），稍含胸，一腿蹬地，另一腿后摆，当摆动腿摆至垂直上方时，蹬地腿向摆动腿并拢，顶肩，臀部夹紧，成手倒立（图 5－34）。

图 5-34　倒立

2. 动作要领

注意控制蹬地摆腿的速度，倒立时双臂、肩膀、脚尖在一条直线上并且与地面垂直。

3. 辅助练习

(1) 找一个栏杆，双手扶住，进行蹬地摆腿的练习，摆动腿伸直往上摆，蹬地腿蹬地后伸直即可，肩膀稍低。

(2) 靠墙倒立，步骤和手倒立一样，将脚尖靠在墙上稳定动作，注意靠墙倒立时要紧腰、并腿，肩膀在双手的正上方，熟练掌握后可以逐渐将脚尖离开墙面一会，体会手倒立动作。

(3) 完成完整练习。

五、空翻类动作

空翻类动作主要由起跳、腾空、团身、落地组成，要求练习者在腾空后的短时间内完成翻转，因此练习难度也较大。这里主要介绍 3 种跑酷中的基本空翻，分别为团身后空翻、团身侧空翻、团身前空翻。

(一)团身后空翻

1. 动作步骤

两腿自然开立与肩同宽，稍屈膝，两臂后引，含胸梗头、下巴微收，双眼目视正前方，起跳时两腿蹬地充分，同时重心稍后移，两臂充分上摆，上升至接近身体重心最高点时，迅速团身双手抱膝，绕身体重心横轴翻转，翻转接近 360°时提前放腿，此时身体打开，为落地做好准备，落地后屈膝缓冲(图 5-35)。

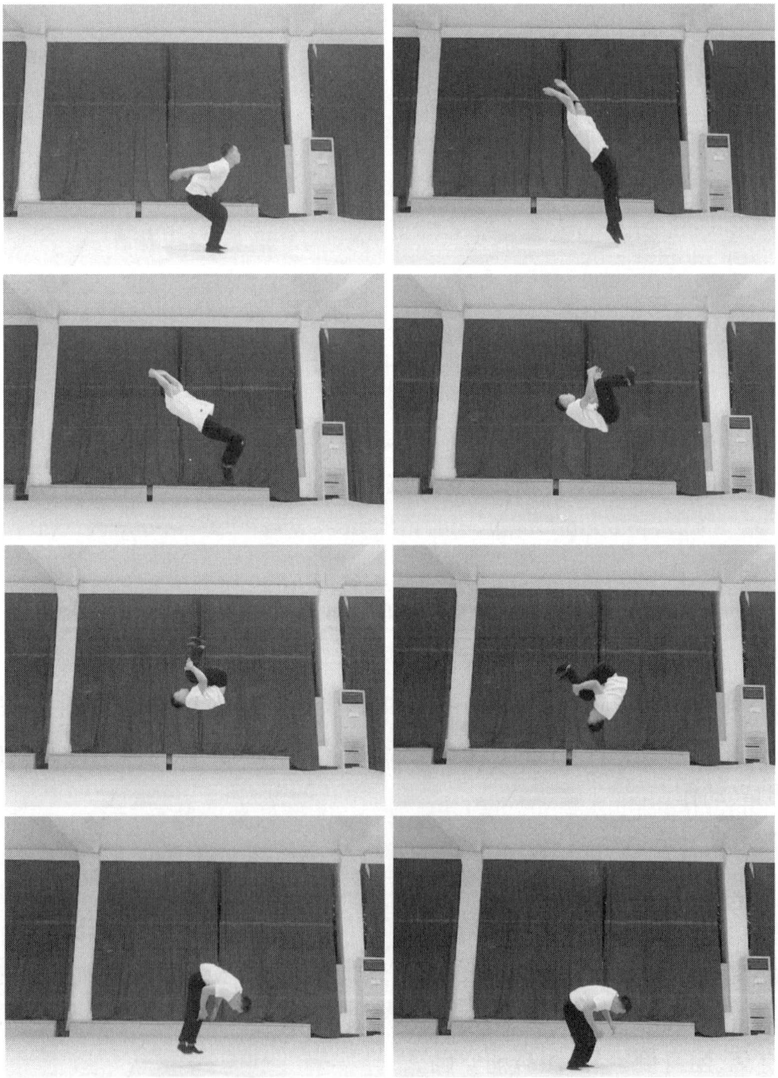

图 5-35　团身后空翻

2. 动作要领

团身后空翻的关键一方面是蹬地起跳要有力,从而有足够的腾空时间;另一方面是收腿团身要迅速,从而带动身体翻转。

3. 辅助练习

(1) 后滚翻,体会收腿时的团身翻转。

(2) "上包",即将垫子叠高,达到与胸部平齐的高度,背对垫子,向后上方起跳,要求肩膀先接触垫子,体会腾空后的收腿团身。

(3) 脚下垫高使之有一定的高度差,落地点有软垫子缓冲,在有保护与帮助的情况下练习,体会完整的团身后空翻。

4. 保护与帮助

保护与帮助者站在练习者的一侧,可以在练习者腰部系上腰带或绳子,保护与帮助者一手抓住练习者腰带,练习者腾空后保护与帮助者另一手向上撩练习者腿部助其翻转。

5. 错误动作与纠正

(1) 错误:腾空后转速过慢或者不转。

纠正:一方面可能是肩膀没有打开,导致重心前倾,另一方面可能是收腿速度较慢,团身不紧,因此注意在腾空的一瞬间肩膀要打开,重心稍后移,收腿团身要迅速。

(2) 错误:转速过快,高度过低。

纠正:蹬地起跳的一瞬间要梗头,卡住肩膀位置,目视正前方,如果肩膀后拉且仰头会压低高度,导致转速过快不好控制。

(3) 错误:落地不稳。

纠正:刚开始练习时由于空间感较差落地不稳是正常现象,熟练掌握这个动作后要记得提前放腿,同时落地的稳定与腾空的高度和团身时机也有很大的关系。

6. 动作进阶

(1) 下高团身后空翻:即从高处向低处的后空翻,步骤和团身后空翻一样,此时要注意身体重心后移,防止撞到台上,放腿时机也要适当提前(图 5-36)。

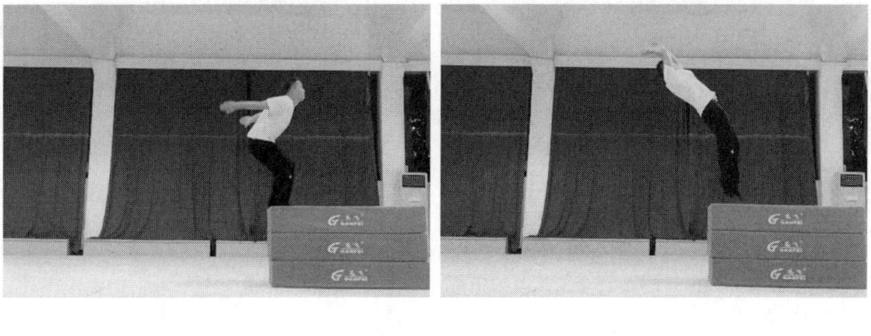

图 5-36　下高团身后空翻

(2) 下高展体后空翻：展体虽然转速较慢，但由于有一定的高度差，也可以顺利完成，此时要求起跳后仰头，腰部往上顶将身体打开，这个动作可以看到地面，盯住落地点，快要落地时收腿即可(图 5－37)。

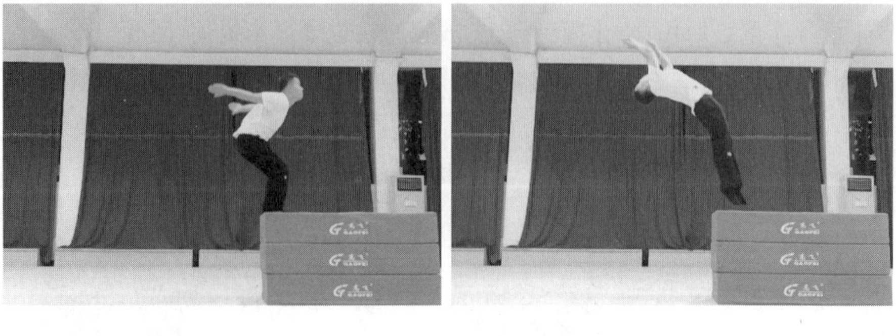

图 5-37　下高展体后空翻

（二）团身侧空翻

1. 动作步骤

助跑垫步起跳，这个垫步和之前的有所不同，以向左转的团侧为例，助跑起跳时右腿蹬地，左脚往前跨出一大步，同时脚尖稍左转，右脚迅速跟上，置于左脚前，右脚脚尖同样稍左转，随后蹬地起跳，起跳时侧身，此时右肩上提，含胸梗头，向前上方起跳，腾空后迅速团身收腿，双手抱紧小腿或大腿，以肩为轴翻转接近 360°时提前放腿，身体打开，准备落地（图 5 - 38）。

图 5-38 团身侧空翻

2. 动作要领

起跳时，双脚要在身体前方，团身时依靠腹肌力量迅速向上收腿，肩膀不要歪。

3. 辅助练习

(1) 侧滚翻：这个侧滚翻和之前学习的有所不同，要求侧方向，让整个后背着地，侧着滚过去。新手刚开始练习时可能会歪，此时注意要侧向蹬地，完成正确的滚动。

(2) 垫步起跳练习：反复练习团身侧空翻的垫步起跳，熟练掌握后可以再加一个收腹跳，但是不要翻转，体会蹬地起跳的正确姿势。

(3) “上包”：即将垫子叠到平胸部高度，助跑起跳后团身，刚开始可以让背部先接触垫子，之后慢慢过渡到翻转约 270°，让身体左侧先接触垫子，体会腾空后的翻转。

(4) “过包”：找一个平胸口高度的软跳箱，起跳后让肩膀先接触跳箱然后落地，逐渐过渡到不接触跳箱的团身侧空翻。

4. 保护与帮助

保护与帮助者站在练习者起跳的一侧，练习者起跳后，一手托练习者背部，另一手撩练习者腿部，助其翻转。

5. 错误动作与纠正

(1) 错误：团侧歪斜。

纠正：一般是由转肩角度过大引起的，起跳时注意不要提前转肩。

(2) 错误：团侧高度低。

纠正：肩膀的位置依然是关键，要向前上方起跳，肩膀不要压低。

6. 动作进阶

(1) 下高团身侧空翻：即从高处向低处的团身侧空翻，步骤和平地的团身侧空翻一样，注意还是要向高处起跳，在最高点团身收腿，提前放腿。

(2) 撩腿团侧：这个动作一般用于下高，准备姿势为右脚在前左脚在后，右腿蹬地的同时左腿后撩，腾空后收腿完成一个团身侧空翻(图 5－39)。

图 5-39　撩腿团侧

（三）团身前空翻

1. 动作步骤

前空翻根据起跳姿势的不同，主要分为刀手式、顶肩式及挂臂式，这里以挂臂式为例，助跑垫步起跳，垫步方式为单脚起双脚落（单脚蹬地，双脚同时起跳，然后双脚落地），起跳时双手屈臂后引，带动肩膀向上方提起，身体稍前倾，向前上方起跳，起跳后含胸梗头，下颏贴着脖子，同时团身收腿提臂，双手抱大腿或小腿，转到接近 360°时双手打开准备放腿落地（图 5-40）。

图 5-40　团身前空翻

2. 动作要领

团身前空翻的关键是提臀，即把臀部提起来带动身体旋转，提臀一方面与起跳的高度和角度有关，另一方面与含胸收腿团身的速度有关，因此起跳时一定要充分蹬地以获得较高的高度，从而更好地含胸收腿完成提臀动作。

3. 辅助练习

（1）前滚翻。

（2）垫步起跳练习：熟练掌握后加上双手的动作和收腿，即起跳时做一个肩膀下压的收腹跳。

（3）“上包”：将垫子叠到平胸部高度，助跑起跳后团身收腿提臀，使肩膀或背部先接触垫子，注意团身要紧，体会腾空后的翻转。

（4）前空翻下高练习：在落地点处铺上软垫练习，下高由于有一定的高度差，可以加长滞空时间，更容易完成前空翻动作。

4. 保护与帮助

保护与帮助者站在练习者起跳的一侧，练习者起跳时，一手扶练习者前腰部，一手托练习者肩部，助其翻转。

5. 错误动作与纠正

（1）错误：前空翻高度过低，转速过快。

纠正：起跳的角度很重要，垫步时双脚落地的一瞬间，双脚在身体的稍前方，充分蹬地起跳，肩膀不要过于前压。

（2）错误：前空翻转速过慢。

纠正：起跳后注意身体稍前倾，含胸低头，肩膀上提，团身要迅速。

（3）错误：团身不紧。

纠正：一般高度不高会导致团身不紧，可以多练习下高的前空翻，找找空中抱紧腿的感觉。

6. 动作进阶

韦伯斯特前空翻：一种撩腿的前空翻，对爆发力要求较高，可以先进行下高原地练习，前脚蹬地，后脚撩腿，蹬地时肩膀稍下压，但是不要压太低，卡住肩位置，含胸低头弓背，双眼看自己的腰部，蹬地要充分，撩腿后迅速团身收腿，落地时屈膝缓冲（图 5－41）。

图 5-41　韦伯斯特前空翻

练习题

1. 跑酷动作一般可分为哪几种类型，试各举例说明。
2. 根据跑酷动作类型，试各举一典型动作，说明其动作做法、动作要领、辅助练习、保护与帮助方法、常见错误及纠正、动作进阶等。

主要参考文献

高科，2010. 自由跑酷[M]. 北京：北京体育大学出版社.

郭立三，2009. 跑酷运动发展研究[J]. 体育文化导刊，(12)：19－22.

扈诗兴，2010. 跑酷运动研究[J]. 体育文化导刊，(3)：29－31.

陆耀飞，2007. 运动生理学[M]. 北京：北京体育大学出版社.

王润斌，徐波，2010. 论跑酷运动及其文化性格[J]. 体育学刊，17(2)：38－41.

杨·维特菲尔德，伊洛纳·E. 盖尔琳，亚历山大·帕赫，2015. 跑酷健身[M]. 嘉宁，译. 北京：北京科学技术出版社.